AN HAVÉRE 1961

RELATION
DES
GLORIEUX ÉVÉNEMENS,
&c. &c. &c.

RELATION

DES

GLORIEUX ÉVÉNEMENS

QUI ONT PORTÉ

LEURS MAJESTÉS ROYALES

SUR LE

TRÔNE D'HAYTI,

SUIVIE

DE L'HISTOIRE DU COURONNEMENT ET DU SACRE DU ROI
HENRY Ier, ET DE LA REINE MARIE-LOUISE.

PAR

LE COMTE DE LIMONADE,

SÉCRÉTAIRE DU ROI.

LONDRES:
DE L'IMPRIMERIE DE SCHULZE ET DEAN,
13, POLAND STREET.

1814.

A SON ALTESSE ROYALE

Mgr. VICTOR HENRY,

PRINCE ROYAL D'HAYTI.

―――

PRINCE,

J'AI l'honneur de présenter à Votre Altesse Royale, la Relation des glorieux événemens qui ont porté Leurs Majestés, vos augustes père et mère, sur le trône d'Hayti, et l'histoire du couronnement et du sacre de Leurs Majestés Royales.

PRINCE, si l'admiration et la reconnaissance m'ont imposé la loi de réunir et de coordonner en un recueil les importans changemens qui ont fixé la destinée d'Hayti, et la description de la pompe des cérémonies qu'ils ont occasionnées; si j'ai voulu offrir à mes concitoyens, un monument public de mon amour et de mon attachement pour mes augustes maîtres, j'ai aussi eu pour but de fixer une époque qui sera à jamais célèbre dans les fastes de notre histoire, de rehausser la gloire des illustres auteurs de vos jours, d'augmenter, s'il est possible, l'amour et la vénération du peuple Haytien pour leurs personnes sacrées ! Que ne peuvent mes concitoyens être témoins, comme moi et d'une manière aussi particulière, du brûlant amour de Leurs Majestés pour leur peuple ! Que ne peuvent-ils lire, comme moi, tous les sentimens généreux qui animent leurs âmes, de ce dévouement continuel, des vives et tendres sollicitudes qu'elles éprouvent pour le bonheur de leurs sujets et la gloire d'Hayti ! Ah ! leur âme, comme la mienne, leur éleverait un trône dans leurs cœurs !

La nature, avare de ses dons, devait au pays qui nous a vu naître, un de ces caractères fortement prononcés, qui sût se roidir contre les obstacles, un de ces génies supérieurs *qui ne laissent rien à la fortune de ce qu'ils peuvent lu ôter, par conseil ou par prudence,* un grand homme enfin, qui après avoir passé par les vicissitudes de la vie humaine, éprouvé par le malheur comme par la félicité, pour qui rien n'est étranger, artisan de sa propre gloire, élevé sans intrigue, toujours de grade en grade, au plus haut emploi militaire, toujours le même dans le cours de sa carrière civile, militaire et politique, toujours donnant l'exemple de la subordination, cette première des vertus guerrières, sans laquelle les autres sont illusoires et chimériques, soit qu'il obéisse, soit qu'il commande, toujours actif, intrépide dans les combats, bravant les périls et les hazards, s'y soumettant avec joie, tant la force de l'exemple lui semble préférable pour exalter, animer l'esprit de ses troupes. C'était un génie de cette trempe que l'heureuse étoile d'Hayti devait revêtir de la souveraine autorité. Nos vœux ont été comblés. HENRY a été élevé sur le pavois royal ; tous les Haytiens sont fiers, orgueilleux de porter ce titre ; ils ont senti qu'il était seul capable de les gouverner, et dès lors l'aurore de jours plus heureux s'est élevée pour eux ; ils ont reconnu par tout ce qu'il avait fait de grand, qu'il viendrait aisément à bout de ce qu'il lui restait encore à faire ; ils se sont dit : la révolution est terminée !

PRINCE, d'autres plumes plus éloquentes que la mienne, traceront le récit étonnant des vertus et des hauts faits de vos augustes parens. Vous y puiserez des leçons de sagesse ; vous apprendrez, jeune encore, le grand art de régner. Puissiez-vous l'apprendre long-temps de leurs propres bouches ! Puissiez-vous, intéressant pupile de nos idoles, marcher sur leurs glorieuses traces !

Acceptez la dédicace que je vous présente ; c'est un faible tribut de l'hommage du profond respect avec lequel j'ai l'honneur d'être,

PRINCE,

DE VOTRE ALTESSE ROYALE,

Le très-humble, très-obéissant
et très-respectueux serviteur,

COMTE DE LIMONADE.

DISCOURS PRÉLIMINAIRE.

De toutes les révolutions arrivées dans l'île d'Hayti, depuis sa découverte jusqu'à nos jours, aucune n'a eu des résultats plus heureux, sous tous les rapports, que celle dont nous allons rendre compte.

Celui qui règne souverainement au haut des cieux, l'auteur de toute gloire, l'essence de la Majesté divine, avait arrêté dans les plans de son éternelle sagesse, que la race des premiers naturels d'Hayti serait remplacée par celle de ses farouches conquérans, qui, ne pouvant eux-mêmes se multiplier au gré de leur insatiable avarice, seraient contraints d'avoir recours aux enfans d'Afrique pour défricher et cultiver un sol si évidemment favorisé de la nature et des cieux!

Une infinité de révolutions, de changemens, arrivés depuis l'année 1492, jusqu'à celle de 1789, pendant près de 300 ans, qui sont du domaine de l'histoire, ont enfin, à cette dernière époque, prouvé aux européens toute la fertilité et la richesse que cette reine des Antilles est susceptible de produire, sous des mains actives et laborieuses, et sous un gouvernement juste, éclairé et paternel!

A cette trop fameuse époque de 89, l'état de délabrement des finances en France, la vétusté des anciens abus, les principes philantropiques mis en avant, et d'autres causes nécessitèrent la convocation des états généraux, et de là cette révolution dont les effets devaient se faire ressentir dans toutes les parties du monde connu; mais plus particulièrement à Hayti. Il arriva ce qui résulte nécessairement du choc et du conflit de toutes les passions. C'est que ceux qui la commencèrent avec les plus louables intentions, finirent par être les victimes des plus intrigans et des plus pervers, et que le gouvernement français, après avoir noyé l'Europe dans un déluge de sang, revint aux anciennes institutions, en plaçant sur le trône une nouvelle dynastie. Je n'entrerai pas dans de plus amples détails à cet égard, je ne chercherai pas à prouver, ni à justifier les droits réels ou faux de Napoléon sur le trône; car cette discussion n'entre point dans mon sujet, et m'est absolument étrangère. Qu'il ait ou n'ait point les qualités d'un grand homme, peu m'importe; il a fait de grandes choses, soit; il a étendu et reculé les limites de son empire. Quel intérêt puis-je encore prendre à sa grandeur, à sa gloire même? Aucun. Je ne vois, et ne veux voir en lui que l'ennemi de mon pays, qui, par ses agens, l'a couvert de ruines, de sang, de cadavres et de décombres. Il n'a pas tenu à lui que, subjugué entièrement, il ne disparût sur la surface de son sol, jusqu'à la trace du nom haytien ! Que l'exécration soit donc son partage de la part de ceux qui ont survécu au désastre. Transmettons ce sentiment à notre postérité ! Que plus heureuse, elle jouisse du travail de ses pères, sans avoir, comme eux, passé par toutes ces vicissitudes !

Les principes sublimes de liberté, d'égalité, proclamés par l'assemblée nationale, ayant retenti jusques dans les colonies, devaient êre embrassés avec chaleur par des hommes courbés sous le joug de l'esclavage. Ces mêmes principes contrariant évidemment les intérêts, l'avarice, l'orgueil des colons, devaient trouver en eux des détracteurs. Que des hommes pervers ayent abusé du mot de liberté ; qu'ils l'ayent fait servir à assouvir leurs passions ; que la ruine de la plus opulente colonie des Antilles ait été le résultat de leurs combinaisons, dira-t-on pour cela que la liberté ne soit pas le bien le plus précieux, le plus cher à l'homme ? Que des excès ayent accompagné les beaux jours de notre révolution, assurera-t-on pour cela qu'elle n'était pas nécessaire ? Et qui peut prévoir ou calculer les suites et les effets de la fureur d'un peuple exaspéré ? Qui peut même, dans ce cas, se soustraire à l'orage, à la fermentation, aux excès en tout genre, à la licence d'une populace effrénée ? En Europe même, dans la patrie des sciences, des arts, des lumières et de la civilisation, de combien d'excès les français n'ont-ils pas à rougir ! Et leur cruauté réfléchie et purement gratuite dans la plus belle de leurs anciennes possessions de l'Amérique, n'attire-t-elle pas sur eux l'animadversion générale et le mépris des hommes sensés de leur propre pays ?

Comme eux nous avons vu croître et s'élever dans notre sein des héros, des guerriers, que le seul amour de la liberté, de la patrie a fait éclore. Le sein des esclaves a quelquefois porté les plus intrépides et les plus fiers défenseurs de la liberté. Toussaint Louverture, et tant d'autres, en sont la preuve. Où avaient-ils puisé cette énergie, ce courage indomptable, qui les a fait triompher de tous les obstacles, pour asseoir et consolider le grand œuvre vers lequel tendaient tous leurs vœux ? A l'école de l'adversité !

Depuis long-temps le grand problème est résolu. C'était en vain que les partisans du système de l'esclavage publiaient que nous étions incapables de jouir du bienfait de la Divinité, qui nous avait été ravi, et que nous avons reconquis par nos armes lorsqu'on est venu dans le criminel dessein de nous subjuguer. L'état de prospérité et d'aisance dans lequel se trouvait Hayti à l'arrivée des Français, a bien prouvé à nos ennemis, non-seulement que nous en étions dignes, mais encore que nos terres cultivées, arrosées par des mains libres, fructifiaient et promettaient de fructifier encore davantage, sous le règne des lois, de la justice et de la liberté. Sous le grand Toussaint Louverture, Hayti était parvenu à un tel degré de splendeur, qu'elle faisait espérer d'atteindre celle de 89. La mort des scélérats fut son partage, et c'est ainsi que fut traité celui qui avait sacrifié son temps, ses veilles, ses soins, pour conserver à la métropole une colonie, et en extirper l'étranger, qui, alors, en occupait la meilleure partie !

Où en serions-nous, si la présomption, l'orgueil et l'impéritie n'avaient fait devancer les plans de notre ruine, sans calculer les moyens, la possibilité de l'effectuer, et si l'exaspération, le courage de nos guerriers, protégés par la Providence divine, n'avaient déjoué tous les projets et ne nous avaient fait triompher de nos ennemis ? En partant, humiliés, découragés, réduits à implorer notre clémence, dont ils ont ressenti les effets, après avoir éprouvé ceux de notre valeur, ils nous ont rappelé le sort des armes de Xerxès après sa fameuse expédition de la Grèce.

L'on ne croira point, et l'on ne voudra point croire que des hommes qui s'annonçaient les apôtres de la liberté, qui avaient continuellement ce mot sacré à bouche, ayant pu le profaner, se rendre les instrumens d'une poignée d'êtres étrangers à tout sentiment humain, pour venir de gaieté de cœur, sans raisons, comme sans motifs, à travers les périls et les dangers de l'Océan, détruire, annihiler une population dont tout le crime, après avoir goûté cette même liberté qui lui avait été ravie, était de la chérir ! O honte ! O barbarie ! Et c'est chez la nation la plus vaine, la plus fière, qui se pique de lumières, qu'on a pu concevoir, exécuter de pareils desseins. Des écrivains haytiens, véridiques, ont déjà signalé les forfaits dont Hayti a été la proie. Nous les aurions encore retracés pour prémunir nos concitoyens, si leurs dégoûtans excès n'affligeaient, ne nâvraient nos cœurs.

Les liens qui nous attachaient à une métropole barbare, qui, n'ayant pu nous protéger, avait été contrainte, dans des temps difficiles, à nous abandonner à notre énergie, à nos ressources, et qui, méconnaissant après nos services et notre attachement, voulait nous asservir ; nos yeux furent dessillés, l'indépendance naquit du sentiment de notre propre dignité. Si le désespoir l'a dictée, l'œuvre n'en est pas moins grande et digne d'admiration ! Honneur donc et honneur éternel aux premiers fondateurs, et paix aux cendres des vertuenx Haytiens qui ont péri pour une aussi belle cause. Celui qui, le premier a dit : l'*injustice à la fin produit l'indépendance,* a dit une bien grande vérité, qni, pour n'être pas nouvelle, n'en est pas moins vraie et énergique. Pour prouver qu'elle est de tous les âges et de tous les pays, je vais rapporter un trait d'histoire qui remonte aux premiers temps de la découverte d'Hayti.

" En 1519, c'est-à dire vingt-sept ans après sa découverte, la première possession espagnole courut le plus grand danger, et faillit à être ensevelie sous ses ruines. Une poignée de ces malheureux insulaires, triste reste de plus d'un million d'individus qui peuplaient l'île à l'arrivée des européens, et qui avaient été mis sous le joug par deux ou trois cents espagnols, ayant trouvé un chef digne de les commander, prit les armes, et, pendant treize ans, résista à toutes les forces et à tous les efforts de ses tyrans, au point que la fierté castillane fut enfin obligée de traiter avec ces indigènes, et de leur donner, dans l'île espagnole même, une souveraineté indépendante. Voici le tableau rapide, mais intéressant, de cette nouvelle révolution.

" Dans la ville de Saint-Jean de la Maguana, un jeune espagnol, nommé Valençuela, venait d'hériter, à la mort de son père, d'un département d'indiens, ayant à leur tête un cacique chrétien, élevé dans la maison des religieux de S. François, et qui portait le nom d'Henry. Tant qu'il avait été aux ordres du père de Valençuela, le jeune indien, très-bien traité par celui qui se disait son maître supportait son sort avec patience. Mais après la mort du père, remis entre les mains du fils, il n'en reçoit que des traitemens indignes. Il se plaint à toutes les autorités, et n'ayant nulle part trouvé justice, il résolut de se la faire ; il se sauve, rassemble des mécontens, avec lesquels il se retire, et se retranche dans les montagnes de Baoraco ; et là, avec quelques armes, dont il avait eu la précaution de se fournir, il attend les Espagnols.

" Il n'attendit pas long-temps. Bientôt Valençuela se présente à la tête de douze soldats, auxquels il commande d'arrêter le cacique. *Point de bruit dit Henry ; retournez d'où vous venez, car je vous déclare qu'aucun de mes braves ne travaillera jamais sous vos ordres.* A ce mot, l'espagnol en fureur ordonne de nouveau de saisir l'indien, qui couche à ses pieds deux soldats, en blesse trois, met le reste en fuite, défend qu'on les poursuive, et dit à Valençuela tremblant de frayeur : *Allez, remerciez Dieu de ce que je vous laisse la vie, et si vous êtes sage ne revenez plus ici.*

" En vain on envoya contre Henry de nouvelles forces plus considérables ; il les battit toujours; et dans fort peu de temps, il se vit à la tête d'une troupe assez considérable d'Indiens, accourus de toutes parts, armés de la dépouille des vaincus, et parfaitement accoutumés à tous les détails de la tactique européenne.

" Le vainqueur, vivement sollicité par un missionnaire qu'on lui députa, de mettre bas les armes, et de revenir à la capitale, où les meilleurs traitemens l'attendaient, répondit : " Mais
" il ne tient qu'aux Espagnols de faire cesser une
" guerre dans laquelle tout se borne, de ma
" part, à me défendre contre des tyrans qui en
" veulent à ma liberté et à ma vie.
" Quoiqu'à ce moment je me sente en état de
" venger le sang de mon pere et celui de mon
" aïeul, brûlés vifs à Xarangua, ainsi que les
" maux qu'on m'a faits à moi-même, je ne me
" départirai pas de la résolution de ne faire
" aucune hostilité, si on ne m'y contraint. Je ne
" prétends autre chose que de me maintenir dans
" ces montagnes; et au fond, je ne comprendrai jamais sur quoi fondé, on voudrait me
" forcer à me soumettre à des hommes qui ne
" peuvent appuyer leur possession que sur le
" meurtre et la violence. Quant aux assurances

" qu'on prétend me donner d'un traitement plus
" doux, et même d'une entière liberté, je serais
" le plus imprudent des hommes, si je me fiais
" à la parole des gens qui n'en ont tenu aucune
" depuis leur arrivée."

" Dans les treize années qui s'écoulèrent ensuite, toutes les tentatives des Espagnols, pour réduire Henry, n'aboutirent qu'à une suite non interrompue de défaites, à grossir sa troupe, et à leur donner les armes recueillies sur le champ de bataille ; enfin (en 1533) le conseil de Madrid, lassé d'une guerre honteuse pour l'honneur de la couronne, très-dispendieuse, et infiniment préjudiciable à la prospérité de la colonie, envoya à l'île espagnole, *Barrio Nuevo,* avec le titre de Général, pour suivre vivement cette affaire, s'il ne pouvait, comme commissaire impérial, la finir par un traité avantageux et honorable.

" Arrivé au centre des montagnes qu'habitait le cacique, et se fiant à sa générosité, le général commissaire résolut d'employer d'abord la voie de la négociation, et demanda un entretien avec le brave Henry. Dès que celui-ci l'aperçoit, il le prend par la main, le conduit sous un grand arbre, où ils s'assirent tous deux sur des couvertures de coton qu'on y avait préparées. Aussitôt cinq ou six capitaines indiens vinrent embrasser le général espagnol, armés de boucliers, d'épées, de casques, et entourés de grosses cordes teintes en rouges qui leur servaient de cuirasses.

" Alors Barrio Nuevo, adressant la parole au cacique, lui dit : " L'empereur, mon très-redouté
" seigneur et le vôtre, le plus puissant des sou-
" verains du monde, mais le meilleur des maîtres
" m'envoie pour vous exhorter à mettre bas les
" armes, vous offrir le pardon du passé, et pour
" tous ceux qui vous ont suivi ; mais il y a ajouté
" un ordre de vous poursuivre à toute outrance
" si vous persistez dans votre rébellion, et il m'a
" donné des forces suffisantes pour cela ; c'est ce
" que vous verrez encore mieux exprimé dans
" cette lettre."

" Henry écouta ce discours fort attentive-ment ; lut, avec une joie respectueuse, la lettre dans laquelle l'empereur lui donnait la qualité de *Dom*, la baisa, et la mit sur sa tête. Ayant ensuite parcouru le sauf-conduit de l'audience royale, scellé du sceau de la chancellerie, il dit au général espagnol : " A présent que le très-
" auguste Empereur me donne sa parole, je
" ressens, comme je le dois, l'honneur que me
" fait Sa Majesté, et j'accepte, avec une très-
" humble reconnaissance, la grâce qu'elle veut
" bien m'accorder."

" En achevant ses mots, Henry s'approche de sa troupe, leur montre la lettre de l'empereur, et leur dit qu'il n'y avait plus moyen de refuser l'obéissance à un aussi puissant monarque, qui leur témoignait tant de bonté. Ils répondirent tous par leurs acclamations ordinaires, c'est-à-dire par de grandes aspirations qu'ils tirèrent avec effort de leur poitrine, en appelant leur chef *Dom Henry notre Seigneur*. Alors on se mit à table, mêlant les provisions des Espagnols au gibier et au poisson des insulaires, qui burent successivement, avec de grands cris et les démonstrations du plus profond respect, à la santé de l'empereur, et ensuite à celle du cacique.

" Cependant comme Henry avait peine à calmer toutes ses défiances, on crut devoir lui envoyer Las Casas, qui en fut parfaitement reçu, et parut très-satisfait de lui entendre dire : " Pen-
" dant toute la guerre, je n'ai pas manqué un
" jour à dire mes prières ordinaires ; j'ai exac-
" tement jeûné tous les Vendredis, j'ai veillé
" avec beaucoup de soin sur la conduite et les
" mœurs de mes sujets ; j'ai pris surtout de
" bonnes mesures pour empêcher tout commerce
" suspect entre des personnes de différens sexes."
Quel contraste avec la conduite de ceux qui donnaient à cet homme le nom de barbare !

" Las Casas n'eut point de peine à rassurer pleinement le vertueux cacique : " L'empereur,
" lui dit-il, a engagé sa parole et son honneur ;

« il n'y a point de sûreté au monde, s'il ne s'en
« trouve pas dans un traité établi sur de tels
« fondemens. Enfin, quand on a agi avec autant
« de prudence que vous avez fait, il faut aban-
« donner le reste à la Providence divine."

" Henry, persuadé par ce raisonnement, se rendit enfin à *San Domingo*, où il signa le traité de paix. On lui laissa choisir un lieu pour s'y établir avec tous ceux de sa nation, dont il fut déclaré prince héréditaire, exempt de tribut, obligé au seul hommage à l'empereur et à ses successeurs, toutes les fois qu'il en serait requis.

Il se retira, peu de temps après, dans un endroit nommé *Boya*, à treize ou quatorze lieues de la capitale, vers le nord est. Tous les Indiens qui purent prouver leur descendance des premiers habitans de l'île, eurent permission de le suivre ; et leur postérité subsistait encore en 1750, au même lieu, et jouissait des mêmes priviléges. Leur prince, qui s'intitulait cacique de l'*île Hayti*, jugeait et condamnait à mort ; mais il y avait appel à l'audience royale. Ils étaient quatre mille lorsqu'ils partirent sous les auspices de *Dom Henry* (1).

Je reviens à mon sujet. Si dans ces temps éloignés quelques infortunés Indiens sont par-

―――――――――

(1) Manuel des Habitans de Saint-Domingue.

venus à asseoir dans leur propre patrie, au milieu de leurs bourreaux, un état libre et indépendant ; si tout récemment (en 1785) le gouverneur Bellecombe fut contraint de traiter de l'indépendance de 125 vrais habitans d'Hayti, dans les montagnes de Doko ; que sera ce donc de nous, qui avons chassé les Français ; qui avons bâti dans nos montagnes des forteresses inexpugnables ; qui trouvons dans nos climats des ressources que les Européens chercheraient vainement ? Nous, aussi aguerris qu'eux, infiniment plus robustes dans nos contrées, dont les armées, semblables à celles des marattes (les plus belliqueux de l'Inde, qui n'ont jamais été asservis) se transportent d'un lieu à un autre avec la célérité du cheval, et qui résistons aux fatigues plus long-temps que lui ; nous qui sentons fortement ce que nous valons ; qui sommes, pour me se servir d'une bien juste expression, *les vrais enfans du Soleil,* combien de raison avons-nous de nous croire, à juste titre, réellement indépendans et inasservissables ? Quels motifs de sécurité pour nous ! Loin d'avoir à craindre une seconde incursion, nous devons la désirer, pour faire cesser le prestige et dégoûter à jamais nos tyrans.

Si la folie et l'inconséquence les portaient de nouveau sur nos plages pour venger leurs défaites, et se ressaisir d'un pays sur lequel ils prétendent avoir des droits, ils ne trouveraient pas, comme à l'époque de leur première expédition, une population désunie, dont une partie disposée à se rallier à eux; ils ne nous inspireraient plus cette prévention que les déclamations pompeuses de leurs victoires en Europe avaient jetée dans nos âmes. Nous n'avions pas encore la mesure de nos forces et celles de nos ennemis, l'illusion est à jamais détruite; la première terre découverte dans le nouveau monde devait être aussi la première conquise à l'indépendance. Pourquoi, ont répété des Haytiens instruits, le gouverneur Toussaint Louverture n'a-t-il pas tranché le mot ? Pourquoi n'a-t-il pas proclamé l'indépendance d'Hayti ? Ce grand œuvre devait être la suite nécessaire de la constitution qui avait été adoptée. Je répondrai que ce fruit précieux devait être mûri par l'expérience et le malheur ! Le gouverneur Toussaint n'était peut-être pas encore pénétré de cette nécessité, et s'il eût parlé d'indépendance à cette époque, il eût trouvé tous les esprits prévenus et disposés formellement à se déclarer contre lui : des Haytiens même qui n'avaient jamais connu la France, lui étaient plus attachés qu'à leur propre pays ; mais cette prédilection n'existe plus; elle a fait place à une indignation et à un désir bien prononcé de repousser toute espèce d'attaques de la part de n'importe quel peuple qui mettrait un pied hostile sur notre territoire ; et j'ose croire que la connaissance des lieux, la bravoure, l'amour de la patrie, toutes les chances de la guerre seront alors en notre faveur.

En dernière analyse, que peuvent-ils se proposer ? d'envahir notre île ; mais quel avantage, quel but retireraient-ils de leurs attaques, d'après la résolution que nous avons prise de ne point capituler avec eux, et la mesure terrible que nous avons adoptée *de ne jamais faire de prisonniers ?* Cela pourra paraître étrange au premier coup-d'œil et s'éloigner du système de l'humanité ; mais pour peu que l'on réfléchisse, l'on verra que dans la position où nous sommes placés, il n'est que les mesures fermes et vigoureuses qui puissent nous sauver. Que ferions-nous des prisonniers que le sort de la guerre pourrait faire tomber en nos mains ? De quelle nécessité seraient-ils pour nous ? Quel embarras ne nous causeraient-ils pas ? Les renfermerions-nous dans nos citadelles ? Il faudrait les nourrir, et pour récompense de nos soins, ils chercheraient à y commettre du désordre ; et qui sait, peut-être à les faire sauter ; les garderions-nous ? les incorporerions-nous dans nos rangs ? Fussent-ils assez robustes pour nous suivre, quelle espèce de confiance pourraient-ils nous inspirer? Ce seraient des serpens que nous réchaufferions dans notre sein. Non, non ; autant de prisonniers, de quelque grade et qualité qu'ils soient, arrêtés en attentant à notre liberté, autant de victimes immolées à notre sûreté; autant de têtes abattues en expiation de leurs forfaits ; jamais le grade ni la qualité ne militeront en faveur de nos ennemis; qu'ils fassent de même à notre égard, qu'ils exterminent ceux d'entre nous que les événemens de la guerre feront tomber en leurs mains ; nous nous soumettons à la même destinée, parce que entre eux et nous, il ne doit point exister de cartel d'échange; les vrais Haytiens n'habitent point avec leurs ennemis, et ne composent jamais avec les tyrans ; que l'utile terreur que nous leur inspirerons leur ôte l'envie de nous attaquer, ou du moins qu'ils tremblent à la seule idée de guerre à mort que nous vouons à jamais à nos oppresseurs? A coup sûr nous ne demandons pas, nous ne cherchons pas d'ennemis ; toute idée de conquête est loin de notre pensée; nous nous bornons seulement à conserver le territoire que nous possédons. Eh! qui pourrait refuser son estime à un peuple qui se renferme dans le seul désir de la conservation de ses droits, à un peuple bien plus disposé à accueillir des amis qu'à repousser des ennemis. Il est en effet bien plus agréable et avantageux pour nous d'échanger les fruits de notre pays contre ceux de l'Europe, et de profiter des ressources et de l'industrie des Européens. Que ceux, n'importe de quelle nation, qui viennent pour établir avec nous des relations commerciales, approchent sans crainte; qu'ils expédient légalement leurs bâtimens pour le royaume d'Hayti; ils seront reçus, protégés et traités amicalement, tout autant qu'ils ne sortiront pas du cercle de leurs spéculations commerciales; mais malheur aux traîtres qui tenteraient d'abuser de nos bontés! ils auraient cessé de vivre, dès l'instant que nous nous serions aperçus des perfides desseins qu'ils pourraient tramer contre notre sûreté.

Des expéditions de la nature de celle qui a été dirigée contre Hayti, ne se récidivent pas impunément; il est prouvé que la force est impuissante pour nous asservir: tous les hommes de bonne foi qui connaissent notre pays, conviennent de cette vérité.

Parlerai-je du règne de l'immortel fondateur de l'indépendance, de sa vie politique, civile et militaire? Les temps ne sont point encore venus pour lui; attendons que les passions calmées, permettent de lui assigner sa véritable place; et sûrement l'histoire ne l'oubliera pas; mais il est une vérité incontestable, aussi évidente que l'existence de la lumière, c'est que sa mort fut l'ouvrage des plus cruels et des plus acharnés ennemis d'Hayti ; et les malheurs qui l'ont suivie devaient désoler cette terre qui naguères avait vu une partie de ses infortunés enfans décimés, torturés, avec une cruauté sans exemple, et l'autre errante dans les bois et les montagnes, pour éviter le sort déplorable qui était le partage de ses concitoyens ; de cette terre qui, après avoir applaudi à leur courage, à leur constance, après les avoir vu, réunis sous les mêmes bannières, s'embrasser, se chérir en frères, éteindre leurs divisions, resserrer les liens de la concorde, de la paix, de la fraternité, jouir enfin de l'aimable et douce liberté, devait encore, ô triste et trop déplorable fatalité, les voir se déchirer, tourner contre eux-mêmes, ces armes victorieuses, couronnées de lauriers, l'effroi des tyrans, et dirigées contre des poitrines haytiennes ! Nous devions être témoins des exemples du plus rare courage, de la bravoure la plus caractérisée, déployée par des Haytiens contre d'autres Haytiens ; nous devions être condamnés, en déplorant l'erreur et les fautes des coupables, à gémir de ce que leur valeur ait été perdue pour la patrie !

Le ciel devait à ses enfans de prédilection (car qui oserait nier que nous ne le soyons) leur donner en présent un héros, un magistrat, qui, renouvellant les traits du cacique Henry, dont il porte le nom, fût né pour délivrer son peuple du joug de l'étranger, calmer les factions, et nous faire jouir, à l'ombre de la paix et de l'indépendance, des douceurs de la liberté, de la civilisation et de la prospérité, sous son administration paternelle !

De lui l'on dira, ce que l'on dit de cet autre Henry, le modèle des rois, des guerriers et des politiques, dont il possède les grandes qualités,

" Il fut de ses sujets le vainqueur et le père."

RELATION

DE

L'AVÈNEMENT

De Leurs Majestés Royales au Trône d'Hayti, des Cérémonies et Fêtes du Sacre et Couronnement.

AVANT d'entreprendre la relation de l'avènement de Leurs Majestés Royales au trône, nous croyons devoir exposer succinctement les principaux événemens qui ont eu lieu, et les principales opérations qui ont précédé ce jour fortuné, d'éternelle mémoire.

Le peuple haytien respirait à peine, délivré de la présence de ces vandales qui ont ravagé toutes les contrées où ils ont porté leur pas fameux, de désordres, de brigandages et d'anarchie; l'indépendance venait d'être fondée, l'état s'organisait, le commerce, l'agriculture et la navigation se perfectionnaient, nos fortifications intérieures s'achevaient ; enfin les Haytiens réunis, réconciliés, sentaient qu'il n'existait et ne pouvait exister pour eux d'autre patrie sur le globe que ces heureux et fortunés climats que le soleil prend plaisir à éclairer, où il verse abondamment, avec complaisance, toute la bénignité de ses rayons bienfaisans sur ces champs où croissent, avec une abondance sans égale, ces roseaux sucrés de l'Inde, délices du goût, et ces arbres chargés des précieuses fèves aromatiques de l'Arabie, qui produisent le véritable nectar, si chéri, si généralement apprécié, ces cotons, ces cacaos, etc. et tant d'autres denrées si chères, dont la nature libérale a gratifié Hayti, avec cette bonté qui est de l'essence de la Providence divine, lorsque notre bonheur fut tout à coup détruit de fond en comble. L'insubordination, la licence, s'introduisirent dans nos armées ; des hommes perfides, vendus à l'étranger, organisèrent une conspiration dont l'histoire offre peu d'exemples, à la suite de laquelle périt le chef de l'empire. Les trésors furent dilapidés, un petit nombre de conspirateurs s'appropria les dépouilles de l'état infortuné ; des menées sourdes et ténébreuses s'insinuèrent dans les corps, la calomnie aiguisa ses poignards, l'intrigue travailla. Les Haytiens coururent aux armes, et tous les maux qu'avaient désirés et fomentés les ennemis d'Hayti, se réalisèrent et affligèrent de nouveau ces belles contrées. Henry prévit tous les malheurs qui allaient accabler son pays ; il vit que l'orage était dirigé particulièrement sur les têtes des illustres et incorruptibles défenseurs de la liberté ; que, ce plan exécuté, les factieux ne se proposaient pas moins que de se mettre à leur place ; de livrer le pays à nos ennemis, de fasciner, d'étourdir la multitude par des largesses et des offres de prétendus grades qu'on lui offrait avec une trop coupable facilité, pour parvenir plus sûrement à leurs fins criminelles.

Toujours grand, toujours le même, élevé, nourri dans les révolutions, au milieu du fracas des armes, il n'en fut point étonné ; il savait de quoi sont capables les traîtres et les lâches qui avaient attiré les malheurs de la guerre civile. Son énergie, son audace augmentèrent en raison des dangers qu'il avait à courir ; il fit tête à l'orage, multiplia son être, se montra avec la rapidité de l'éclair, dans les lieux où sa présence était nécessaire ; déjoua et punit les traîtres ; ranima le courage des braves, et parvint à triompher des efforts des méchans.

Le 18 Décembre 1806, par une proclamation, datée de la citadelle Henry, il signale les agens secrets des ambitieux qui s'agitaient en tout sens pour corrompre les troupes.

Le 24, il marche pour dissiper ce rassemblement de têtes volcanisées établi au Port-aux-Crimes, délibèrant les armes à la main, encore teintes du sang des martyrs de la liberté, sacrifiés à leur rage, à leur ambition, à leur cupidité.

Le 1er Janvier 1807, il livre la fameuse bataille de Cibert, défait et taille en pièces l'armée de Pétion, qui est obligé de jeter ses décorations pour protéger sa fuite, et s'embourbe jusqu'au cou, dans un marais, avant de rentrer au Port-aux-Crimes. Il assiége cette ville rebelle ; mais réfléchissant à la quantité de conspirateurs qu'il avait laissés derrière lui, à ceux qui fourmillaient dans l'armée, dont les paroles incendiaires n'étaient pas même cachées, et aux horreurs qui allaient résulter d'une ville prise d'assaut, il en diffère la conquête, et fait rentrer ses troupes dans leurs cantonnemens.

Un conseil d'état, composé des généraux et des citoyens notables, sentant la nécessité d'établir, dans ces temps orageux, un ordre de choses, fut convoqué, et créa la constitution du 17 Février 1807, qui déféra au premier magistrat la qualité de Président d'Hayti.

Le 19 Février, par une proclamation pleine de sagesse, il offrit le pardon, l'oubli des fautes aux révoltés.

Sans être distrait des grandes pensées qu'il a conçues, il organise les tribunaux civils et de commerce, nomme aux places vacantes dans l'armée comme dans la magistrature, fait activer les travaux de culture par l'établissement des compagnies agricoles, connues sous le nom de *Gardes de police*, composées de gérans et conducteurs d'habitations, et dont l'utilité est maintenant si généralement reconnue, sous le double rapport de la sûreté publique et de l'amélioration de la culture ; remet l'instruction publique en vigueur, s'occupe du soin des hôpitaux ; enfin, porte dans toutes les parties du service cet œil vigilant qui embrasse tous les détails, sans qu'ils nuisent à la vaste conception de l'ensemble.

L'insurrection continuant de se propager, et les Haytiens ne connaissant pas le but de leurs désirs, poussés par cet esprit inquiet qui leur est naturel, courent aux armes, se soulèvent par les discours des apôtres de la rébellion. Les actes les plus avantageux de l'administration du gouvernement, la solde régulière établie pour les troupes, l'achat des cafés, cette mesure si sage, calculée pour augmenter la hausse de la valeur des denrées territoriales, deviennent, dans la bouche de ces forcénés démagogues, des prétextes pour soulever les troupes ; et cette partie si intéressante, mais non éclairée du peuple, les cultivateurs. Les bienfaits du gouvernement sont des armes entre les mains des calomniateurs, avec lesquelles ils osent le combattre. Une mise en circulation d'espèces, sorties du trésor, de 227 mille gourdes, pour parvenir au but louable qu'on s'était proposé, en payant le café à 20 sous aux agriculteurs, doit prouver aux hommes de bonne foi, et la grandeur du plan, et les avantages qui en seraient résultés et la sollicitude du gouvernement qui l'avait ordonnée.

Dans le commencement du mois de Juin 1807, du fond des Moustiques soulevés, le Président se rend en diligence devant la ville des Gonaïves vendue par trahison aux révoltés, et peu de jours lui suffisent pour les forcer de se rembarquer honteusement, tandis que la plus grande partie des révoltés, après s'être emparée de l'Arcahaye, se présenta devant Saint-Marc ; mais instruits de l'arrivée du Président et de la fuite de Bazelais, les rebelles ne jugèrent pas devoir l'attendre, et se retirèrent dans leur Port-aux-Crimes. Ils furent poursuivis dans leur route, sans qu'on ait pu les joindre, tant leur fuite avait été précipitée !

En Juillet, des forces, sous le commandement de Lamarre, furent envoyées aux insurgens du Port-de-Paix. La neuvième se soulève, et déserte la cause de l'autorité légitime. Le Président marche, et depuis les montagnes de Saint-Louis, repousse les rebelles, les chasse de poste en poste, jusques dans les forts du Port-de-Paix, où ils se retranchent. Il les y attaque en règle, déploie les rares talens de son énergie, de son courage, et finit, en moins de quinze jours, une campagne mémorable, qui fut suivie de la dispersion de Lamarre, de la prise de tous les forts du Port-de Paix, et d'un grand nombre de prisonniers.

Une maladie, fruit des fatigues de cette campagne, suspend l'entière réduction des rebelles. Les opérations ne furent plus continuées avec vigueur; l'on se contenta de garder la ville du Port-de-Paix; et trop confiant, l'on dédaigna, ou l'on négligea de poursuivre le petit nombre de fugitifs qui étaient encore dans les bois. Fatale erreur! De nombreux renforts sont envoyés à Lamarre; les rebelles, par le secours de leurs barges, trouvent le moyen d'alimenter leurs complices, et de leur fournir des munitions. Lamarre rallie ses partisans, et se présente à *Démaho*, position avantageuse dans les montagnes, distante de quelques lieues du Port-de-Paix.

Le Président, à peine rétabli de sa maladie, et encore dans un état de convalescence, part pour se mettre à la tête des troupes; il chasse de nouveau les révoltés de toutes les positions qu'ils occupaient; lui-même il les chargea à la tête de son état-major; mis en fuite et en déroute, ils furent poursuivis de toutes parts. Henry vit, avec sensibilité, que ces malheureux, détrompés, revenaient de leurs erreurs.

Pendant cette expédition, les troupes de l'Ouest rivalisaient avec celles du Nord, en courage, en bravoure, en chassant encore les révoltés, qui avaient eu l'audace d'attaquer le cordon. C'est dans cette journée mémorable du 20 Septembre, que huit bataillons de troupes fidèles en battirent vingt-un de ceux des révoltés, encore retranchés et dans les positions les plus avantageuses. Cet exemple prouve que la bravoure est inséparable de l'honneur et de la fidélité. Ces troupes rebelles qui n'ont pu soutenir la vue et la présence de celles soumises à l'autorité légitime, sont cependant les mêmes qui ont conquis le Sud sur les armées françaises.

Tandis que la rébellion semble se consolider dans le Sud, l'autorité légitime trouve un de ses fermes défenseurs dans le général Jean-Baptiste Perrier, dit Gauman, qui fait scission avec les révoltés, arbore l'étendard de la fidélité et de l'honneur dans les montagnes de la Grande Anse de Jérémie, rallie ses frères, les éclaire, les détrompe sur les calomnies absurdes des révoltés et rend hommage au Président, qu'il reconnaît comme le seul chef, à qui il veut et doit obéir

Ses succès favorisés par les moyens qu'on lui fait parvenir, font une utile et heureuse diversion; il tient constamment en échec et dans de continuelles alarmes, les révoltés ; il fond, avec la rapidité de l'aigle, dans l'endroit où il n'est point attendu, y laisse des traces de son passage, et se retire dans les lieux inaccessibles qu'il a su choisir; dès l'instant que des forces majeures marchent sur lui, il se montre incorruptible à toutes les caresses et les promesses que lui font les révoltés pour l'attirer à eux ; il brave, à la fois, et leurs menaces et leurs ruses, et se montre toujours invincible.

Des expéditions aussi brillantes que celles dont nous avons rendu compte, n'ayant point dégoûté les révoltés, tant la présomption est aveugle! ils dirigèrent encore, vers la fin d'Octobre, une tentative contre Saint-Marc. Le Président se rendit dans cette ville, et le lendemain de son arrivée, il les fit attaquer sur les habitations Pivert et Florenceau, où ils avaient eu le temps de se retrancher jusqu'aux dents. Cette journée du 25 fut encore mémorable par les deux actions qui eurent lieu, à la suite desquelles les rebelles furent culbutés et poursuivis à toute outrance par la garde à cheval du Président. On fit un grand nombre de prisonniers, et les champs de bataille furent jonchés de cadavres; les caisses, les drapeaux des révoltés tomberent en notre pouvoir.

C'est là où l'on vit les misères de la guerre déployées dans toute leur horreur ; des malheureux fuyards égarés, perdus dans les bois, les campêches, mourans de soif, de faim, maudissant les traîtres qui les exposaient à un sort si déplorable, et cherchant, nouveaux européens, les rivages de la mer, pour regagner leurs barges qui se tenaient mouillées à l'ancre, comme le seul abri où ils pussent trouver leur salut. C'est dans ce jour où l'on vit aussi la brillante valeur de nos troupes ; mais un éloge particulier doit trouver ici sa place pour les 2e et 3e bataillons du 2e régiment, et le 1er bataillon du 27e, qui, après les fatigues de trente-six lieues de marche, sans se reposer, contribuèrent si efficacement à la gloire de cette journée. Les femmes de Saint-Marc ont donné dans cette occasion, comme dans celles qui l'ont précédée et suivie, des preuves de ce patriotisme, de ce brûlant amour de la patrie qui caractérisaient les anciennes spartiates. Spectatrices du combat, elles applaudissaient du haut des remparts à la valeur de nos troupes, et firent entendre, les premières, les cris de la victoire. Leurs soins généreux vinrent adoucir et consoler l'humanité souffrante, en prodiguant aux blessés les secours que leur état réclamait !

 La reconnaissance a depuis récompensé le zèle et la fidélité de la province de l'Ouest, en appellant Saint-Marc (la Fidèle) titre aussi honorable que glorieux pour elle.

Les ennemis chassés, le Président, avec son activité ordinaire, partit de Saint-Marc le 28, et le 1er Novembre il était au Port-de Paix, après avoir passé par le Gros-Morne et traversé les montagnes de Saint-Louis ; et sans prendre aucun repos, il parcourt celles du Port-de-Paix, fait évacuer la position formidable du Calvaire, dont les révoltés s'étaient emparés, retourne dans cette ville, organise un système d'attaque comme de défense, et le 7, il r'entre dans sa capitale.

Dans le courant de Septembre de l'année prochaine, tant de revers n'ayant pas dégoûté les révoltés, ils devaient encore éprouver l'inutilité de leurs tentatives. Une de leurs plus formidables incursions, partie du Port-aux-Crimes, et pour laquelle ils avaient mis en réquisition depuis l'enfance jusqu'à la vieillesse, menace le cordon de l'Ouest sur tous les points, tandis que Lamarre, par un coup téméraire, se poste, avec toutes les forces qu'il peut rassembler, au centre des montagnes du Port-de-Paix, menaçant aussi cette ville.

Dans l'Ouest, les camps Coulleau, Lacroix, Dubourg, et le poste de Verrier furent successivement attaqués, et devinrent le théâtre de la valeur de nos troupes et celui des pertes de l'ennemi. Les révoltés envoyent des partis détachés pour piller et brûler des habitation isolées, genre de brigandage où ils excellent, surtout lorsque ces habitations sont éloignées de toute protection ; puis réunissant leurs troupes, ils forment le projet d'assiéger Saint Marc, mais à une distance très-raisonnable ; ils prennent position chez Langeac, Fressineau, Jeanton et Charette ; là, paraissant inexpugnables, ils organisent des camps ; ne se fiant pas à leur nombre, ils élèvent retranchemens sur retranchemens, à double et triple étage, et font des travaux gigantesques ; ils facilitent l'arrivée des munitions et provisions qu'ils reçoivent par le moyen de leurs corsaires, qui eux-mêmes, se tiennent mouillés à la baie Lacoude.

Ils restèrent dans ces positions pendant vingt-cinq jours ; la famine se faisant sentir, des détachemens considérables de leurs bandes parcouraient les montagnes pour marauder quelques vivres ; mais des colonnes mobiles de nos armées, les repoussaient, la baïonnette dans les reins, chaque fois qu'ils se présentaient auprès des lieux cultivés.

L'on s'occupa de chasser efficacement les révoltés de Charette, et par des batteries habilement établies et servies, l'on parvint à leur faire un tort considérable, au point de les obliger à creuser des fosses pour se mettre à l'abri de nos bombes et de nos boulets, à leur intercepter l'eau et toute espèce de vivres.

Il fut décidé d'occuper la position Mary, sur les derrières de l'ennemi, et de leur couper la retraite. Je sais qu'un général intrépide n'opinait pas moins qu'à demander la disposition d'une partie des forces de l'Ouest, de passer par les montagnes, et de s'emparer de la ville du Port-aux-Crimes, dépourvue de forces, tandis que les révoltés mouraient de faim, cernés dans leurs positions.

Cependant l'escadre avitaillée, partie du Cap pour aller au secours de Saint-Marc, n'arrivait pas; les calmes la retenaient, mais avec quel plaisir fut-elle aperçue par notre armée, donnant à pleines voiles sur les bâtimens des révoltés, et en capturant sept de leurs corsaires, sortant du Port-aux-Crimes avec des munitions et des vivres, qu'ils apportaient au secours de leurs complices, les autres se sauvant à pleines voiles. Les opérations devinrent plus actives; l'on résolut de faire de nouveaux et de vigoureux efforts pour chasser les révoltés, et ne plus leur donner le temps de respirer. Des positions à portée de pistolets furent établies, et les révoltés serrés de près, mitraillés et fusillés, n'osaient plus paraître; enfin tous les

B

endroits gardés pour leur couper la retraite, devaient nous faire tirer bon parti de leur détresse; mais le 18 Novembre les rebelles évacuèrent par un chemin abandonné depuis la révolution, et couvert de liannes et de campêches qu'on avait cru impraticable; ils furent néanmoins poursuivis; et l'on cite, dans cette affaire, que Pétion se déguisa en femme, dont une grande partie était dans les camps, et que nos troupes laissèrent passer, ne s'attachant qu'à poursuivre les combattans. Les lieux abandonnés par les rebelles offraient le spectacle d'un véritable cimetière, par la grande quantité de fosses qu'ils renfermaient.

Lamarre ayant, comme nous l'avons déjà dit, établi ses positions dans les montagnes du Port-de-Paix, et fortifié à l'égal de ceux du Port-aux-Crimes, se voyait aussi, comme eux, cerné et manquant de tout, il s'agitait avec la rage du désespoir, faisait attaques sur attaques, qui, toujours repoussées, le contraignaient à rentrer dans ses retranchemens, non sans perte. Pour donner une idée de la fureur déployée dans cette partie, fureur qu'on ne trouve que dans les guerres civiles, des remparts terribles, des deux parties. se sont trouvés adossés, l'un contre l'autre, au point qu'aucun n'osait lever la tête, sans être sur le champ fusillé. Des moyens extrêmes et vraiment effrayans furent employés pour anéantir ces forcenés ; des combats souterrains eurent lieu, des sapes, des mines creusées avec un courage infatigable, enlèvent les remparts des révoltés, font voler, dans les airs, des bataillons entiers de grenadiers. Le sol est couvert de morts, de mourans, de membres fracassés, tandis que d'autres trouvent leur tombeau dans les entrailles de la terre. Quel tableau affligeant pour l'humanité ! Poursuivons cependant ; la vérité m'oblige à ne pas déguiser nos malheurs. Ces mêmes remparts détruits sont aussitôt occupés, des fusillades meurtrières s'établissent sur leurs ruines, tandis que de nouveaux remparts s'élèvent et remplacent les premiers. Enfin après mille combats, la famine, les pertes, les maladies, les désertions, obligent les révoltés à forcer les lignes, à évacuer et à se retirer au Môle !

Les quartiers du Gros-Morne, les montagnes du Port-de-Paix, de Moustique et de Jean-Rabel respirent enfin ; les cultivateurs rentrent à leurs travaux ; l'armée cordonne les montagnes qui environnent le Môle, et assiége cette place.

Dans la partie espagnole, quelques conspirateurs vendus aux révoltés, comme Etienne Albert et Gilbert, essayent de les tromper en les excitant contre nous ; mais ils reçoivent de leurs propres mains le prix de leur trahison.

La politique habile du Président saisit l'instant heureux de l'usurpation de la monarchie espagnole en Europe, pour se rapprocher de ceux d'Hayti. Il avait compris depuis long-temps, qu'habitans de la même terre, les mêmes besoins devaient nous réunir avec nos frères les Espagnols Haytiens, puisque les mêmes ennemis menacent notre existence. A cet effet, il sonde leurs intentions ; il les trouve aussi bien disposés que lui ; il envoie des armes, des munitions de guerre au général Dom Juan Sanchez Ramirez ; et par ces secours généreux, il le met en état d'entreprendre des opérations offensives contre la ville de Santo-Domingo, d'attaquer cette place, où étaient réfugiés Ferrand et les troupes françaises qui occupaient encore ce point, et finalement de les en expulser.

Il r'ouvre les anciennes liaisons de commerce et d'amitié avec ce peuple juste, loyal et sensible, et la suite a prouvé qu'il n'avait pas eu lieu de s'en repentir.

Les fureurs de la guerre dont nous avons donné une légère esquisse, n'empêchent pas que le chef du gouvernement ne s'occupe dans les camps du bonheur de son peuple. Il avait senti qu'une administration sage des revenus de l'état pouvait seule le sauver. Des administrateurs probes remplacèrent ceux qui avaient prévariqué dans leurs fonctions. Une commission de vérification des comptes fut établie ; l'état connut alors l'immensité de ses ressources ; les troupes furent habillées, équipées et soldées. Une marine fut tout à coup créée ; et déjà nos marins, qui n'avaient manœuvré que de légers bâtimens, apprirent, avec l'aide de la boussole, à conduire des trois mâts, à croiser dans les parages les plus orageux, à résister à la violence des tempêtes. Le pavillon haytien se montra avec gloire sur l'Océan étonné, et l'on vit, avec surprise et admiration, un nouveau peuple navigateur. Non-seulement cette marine devint la terreur des révoltés, mais elle leur arracha l'empire des mers dont ils étaient si vains !

La citadelle Henry, ce *Palladium* de la liberté, ce majestueux boulevart de l'indépendance, ce monument de la grandeur et des vastes combinaisons d'Henry, s'édifiait sur le sommet sourcilleux d'une des plus hautes montagnes de l'île, d'où l'on découvre, à sa partie gauche, l'île de la Tortue, et le miroir de son superbe canal ; en face, les mornes et la ville du Cap-Henry, sa rade, la vaste étendue des mers ; à droite, la Grange, le Monte-Christ, la ville du Fort-Royal, la baie de Mancenille, et les montagnes environnantes. L'on est récréé par la vue de la belle plaine et du magnifique tapis de verdure qui se déroule aux yeux. Sur les derrières, la longue chaîne de montagnes semble être le cadre de ce tableau enchanteur. Cette position, fortifiée par la nature, à aquelle l'art vient encore ajouter toute sa science, casematée, à l'épreuve de la bombe, la met à l'abri d'être efficacement assiégée. Ces bouches à feu, ces machines terribles de la guerre, à la voix du héros vainqueur des difficultés, franchissaient l'élévation d'un sol montueux, pour dominer sur le territoire qu'il commande, et protéger toute la partie du Nord ; que dis-je ? Hayti entière, dont cette forteresse est le plus redoutable rempart.

Les fortifications intérieures n'eussent-elles que le seul avantage d'avoir appris à considérer pour rien la perte des ports de mer, elles seraient toujours très-importantes sous ce seul point de vue. Une nation qui pense fortement que la garantie de la conservation individuelle des membres qui la composent, n'existe que dans les lieux favorisés de son sol; et que cette garantie ne se trouve que dans son courage, dans les sacrifices qu'elle fera, et surtout dans les bois, les montagnes, qui lui sont si familiers, cette nation, dis-je, pourra-t-elle s'inquiéter de l'abandon momentané de quelques villes qu'elle aura eu la bonne politique et la précaution salutaire d'incendier à l'approche de ses ennemis, surtout lorsque sa sage prévoyance lui a déjà fait, pour ainsi dire, avorter les projets de ses oppresseurs, en s'approvisionnant de tout ce qui lui est nécessaire, pour résister à toutes les attaques qu'on pourrait diriger contre elle ?

Sans-Souci, cette ville de prédilection, qui doit devenir la capitale d'Hayti, s'établissait. Des ravins se comblaient, des montagnes se nivelaient, des chemins publics s'alignaient. Ce superbe palais royal, la gloire d'Hayti, portait jusqu'aux nues, et la beauté et la hardiesse de sa construction ; ses appartemens somptueux, parquetés, lambrissés des plus beaux et des plus rares acajoux, amassés à grands frais et avec un soin scrupuleux, ces meubles, ces tapisseries élégantes que le bon goût a créés, ces jardins embellis avec symétrie, où une eau pure et toujours dans un degré de fraîcheur qui la caractérise particulièrement, ces jets d'eau, ces arbres fruitiers, ces productions européennes, etc. venaient embellir la retraite d'un héros, et faire l'admiration des étrangers, tandis qu'une église dont une coupole hardie dessinait agréablement les richesses de son architecture, et d'autres établissemens publics, comme arsenaux, casernes, chantiers, etc. s'élevaient malgré les ravages de la guerre. A voir l'étonnante activité répandue dans tous ces travaux, on eût dit que la plus grande tranquillité régnait, et que la main de la paix les perfectionnait ; d'immenses capitaux, fruits des épargnes du trésor, remplissaient les spacieux coffres de la citadelle Henry !

Je sais qu'une des intentions de notre Monarque est de carreler et lambrisser la rotonde de son palais de la citadelle, de quadruples. Il est assez riche pour le faire. Cet appartement d'un nouveau genre, réfléchirait une draperie précieuse, et n'aurait point de pareil dans le monde. Sur le frontispice de ce monument devrait être écrite la devise de Louis XIV : *Nec pluribus impar.*

Un digne ministre des autels, un auteur philantrope, M. l'abbé Grégoire, qui, depuis le commencement de sa carrière, a consacré sa plume à la recherche de la vérité, à la défense de l'humanité, vient, par son ouvrage touchant *de la Littérature des Nègres*, écrit avec l'éloquence et la simplicité de la vérité, de venger nos droits, en publiant hautement, à la face de ses compatriotes, et leurs crimes et l'injustice de la prétendue supériorité de leur espèce sur la nôtre. Le Président a lu son livre avec tout l'intérêt qu'il inspire. Il lui a voté des remercîmens consignés dans un ouvrage haytien, *le Cri de la Nature*, qui honore également et le vertueux prélat à qui ils sont adressés et le chef du gouvernement qui lui paye un hommage aussi public, aussi flatteur de sa reconnaissance.

Le siége du Môle avait été converti en blocus de terre et de mer, le Président voulait réduire les révoltés en épargnant le sang de ses soldats.

C'est dans leur croisière devant cette place que nos marins ont fait leur apprentissage, et qu'ils ont atteint cette supériorité où ils sont maintenant parvenus. Un trait de ces Jean-Bart du nouveau monde, ne doit pas être passé sous silence. Le Foudroyant ayant manqué le mouillage de la Plate-Forme, à l'entrée de la nuit du 28 Mars 1809, tombe au milieu de cinq bâtimens des révoltés du Port-aux-Crimes, qui cherchaient furtivement à jeter du secours au Môle. Le commandant de ce bâtiment les tint en échec par une manœuvre hardie, et le feu de sa mousqueterie et de ses canons, jusqu'au jour, que notre escadre put aller à son secours pour le délivrer, et poursuivre les révoltés jusques dans leur repaire, après avoir fait manquer leur expédition.

Quatre mois après cet événement, une nouvelle incursion, de la force de celle de Septembre 1808, ayant toujours pour but de dégager Lamarre, devait encore avoir lieu. Les révoltés avaient oublié les défaites nombreuses qu'ils avaient essuyées en tant d'endroits ; ils avaient encore besoin d'une leçon, qu'ils ne tardèrent pas à recevoir ; mais connaissant trop bien les environs de Saint-Marc, ils se contentèrent de se présenter devant le Mirebalais, et tandis qu'ils faisaient mine de vouloir l'attaquer, la presque totalité de leurs forces s'enfonça dans la partie espagnole, afin de tomber à l'improviste sur le Sourde et la Grande-Rivière, et ne se promettant pas moins, dans ses folles présomptions, que de venir jusques dans la capitale, comme elle le disait hautement.

Le Président, instruit des projets des rebelles, ne voulut prendre aucune mesure pour leur donner une confiance dont il était assuré qu'ils abuseraient. L'événement a justifié ses conjectures. Ce n'est qu'à leur arrivée devant le Sourde que l'on envoya contre eux des troupes pour les terrasser; sans donner le temps aux rebelles de se reconnaître, ils sont aussitôt attaqués, mis en fuite. Le perfide David Trois, commandant de cette expédition, y perdit la vie. Plusieurs des chefs marquans tombèrent en notre pouvoir. Poursuivis par nos troupes, qui firent jonction avec celles de l'Ouest, dans les savannes espagnoles, arrivés à Banique, ils trouvent l'Artibonite enflée par les pluies. Une partie essaya de la passer à la nage, et fut emportée dans les flots. Notre armée les ayant joints, le combat devint très-vif ; ils furent chargés par la garde à cheval du Président, culbutés et dispersés de toutes parts. On estime à deux bataillons la perte de ceux qui furent noyés. Lamarre essaya aussi de faire une attaque sur le cordon ; mais il trouva un mur d'airain qu'il ne put percer, et abandonna son entreprise, son cheval, deux de ses aides-de-camp et une infinité de ses complices sur le carreau.

Voici un paragraphe qui contient une réflexion bien juste et bien sensée, de l'ordre général de l'armée du 17 Août 1809, qui rend compte de ces deux victoires :

" C'est en vain que la sage politique de S. A.
" S. Monseigneur le Président s'abstient des
" projets d'attaques contre les révoltés, pour leur
" donner le temps du repentir. Ces êtres ingrats
" méconnaissent ses intentions paternelles ; parce
" qu'on ne porte point le fer et la flamme chez
" eux, où les innocens seraient victimes du
" désastre qui en résulterait ; ils s'imaginent qu'on
" n'a pas les moyens de les réduire ; mais c'est les
" réduire plus efficacement que de les livrer à
" eux-mêmes. Dans leur aveuglement insensé,
" ils viennent recevoir la punition de leurs
" crimes."

La faction désorganisatrice qui avait placé Pétion à sa tête, ne le voyant pas répondre à son gré au but qu'elle se proposait, et convaincue d'ailleurs par l'expérience qu'elle avait faite, de la nullité de ses talens et de son énergie, sollicita le rappel de ce Rigaud, né évidemment pour le malheur de son pays, par les tristes et déplorables effets qu'a produits sa rébellion contre le gouverneur Louverture, malheurs qui ne sont que trop connus ; pour masquer ses projets et le but que se propose le perfide gouvernement qui l'emploie, et pour abuser encore et donner le change sur sa connivence, il lui fait adopter le prétexte d'une évasion, comme s'il n'y avait rien de plus facile que d'endormir la prudence d'une police inquiète et ombrageuse, comme l'est celle qu'a établie Bonaparte dans ses états, et dont les agens et les espions fourmillent dans toutes les cours, et même dans toutes les parties de la terre, pour exécuter les plans de leur maître. Il faudrait être bien aveuglé pour penser qu'un malheureux insulaire (surtout de son épiderme) eût pu se sauver des cachots où il avait langui, tant que l'occasion ne s'était pas présentée, pour le faire servir aux vues que l'on en attendait. D'ailleurs son arrivée et les moyens par lesquels il a débuté, suffiraient pour ôter *toute espèce de doute à cet égard*. Il part donc sous un nom supposé et déguisé ; il est accompagné de deux aides de camp, ce qui suppose, avec évidence, le rôle qu'on le destine à jouer. Il arrive aux Etats-Unis, adressé et recommandé à quelques agens français. Il se tient caché, pour ne donner aucun soupçon, aucune prise contre lui. Il est néanmoins signalé par les amis de notre gouvernement ; il s'esquive, évite les croisières britanniques, et aborde, le 7 Avril 1810, vers le soir, aux Cayes. Il est reçu avec accueil par ceux de ses partisans dont il vient relever les folles et présomptueuses espérances ; mais la majorité des bons citoyens se cache ou se tait ; elle ne se laisse pas étourdir par les déclamations de ce prétendu martyr de la liberté ; de ce vil apôtre du mensonge ; de ce lâche instrument de nos ennemis, qui vient servir leurs criminels projets. Bientôt il se rend au Port-aux-Crimes ; n'ayant pas réussi à se ressaisir des lambeaux de cette autorité usurpée, car les traîtres ne s'entendent pas entre eux ; il retourne aux Cayes avec les plus rusés de ses partisans ; et là, il finit ensuite par opérer la scission du département du Sud avec la partie de l'Ouest occupée par les révoltés, en attendant qu'il puisse se substituer à la place de Pétion, objet présent de son ambition.

Ici naît la réflexion la plus triste pour l'humanité. Nous savons que nos dissensions font la joie des amis de l'esclavage, que nos tyrans communs en veulent à nos jours ; qu'ils ne calculent pas moins qu'une annihilation totale de la population d'Hayti, qu'ils voudraient pouvoir remplacer par de nouveaux malheureux transplantés des contrées africaines. Nous connaissons toute la profondeur de leur scélératesse, et nous nous empressons, à l'envi, de les servir efficacement, en nous entre détruisant nous-mêmes. O délire des psssions ! O inconcevable fatalité ! Où n'emportez-vous pas les hommes qui écoutent les fausses illusions de l'ambition ! Ne craignons-nous pas que nos ennemis ne nous appliquent justement ces deux vers ?

> Et prodigues d'un sang qu'ils devraient ménager,
> Prennent, en s'immolant, le soin de nous venger.

Rigaud est d'autant plus coupable, qu'ayant éprouvé, en différens temps, les effets de l'astuce du gouvernement français, il consent encore une troisième fois à redevenir leur instrument, et à travailler à la ruine de ses compatriotes. Eclairé comme il est, le langage qu'il avait à tenir en touchant le sol d'Hayti, était aussi noble que facile à exprimer : Je reviens, aurait-il dû dire, " au chef du gouvernement, de ces contrées " barbares, où pour prix de ma lâche complai- " sance, j'ai langui dans les cachots ; j'ai entendu " les délibérations de la ruine de mes concitoyens. " Accueilli dès l'instant qu'on a jugé que je pou- " vais coopérer à cet abominable dessein, je me " suis vu de suite fêté et caressé ; on a tenté mon " ambition ; on m'a offert une fortune et le réta- " blissement de l'ancien grade que j'occupais. " Les insensés ! comment ont-ils pu croire que " je fusse assez dénué de raison et de bon sens, " assez lâche et assez stupide pour me prêter à " leurs vues criminelles ? Les deux cruelles expé-

" riences que j'ai faites m'ont trop bien instruit.
" J'ai dissimulé, j'ai consenti à tout, j'ai tout
" promis, pour me tirer des fers de l'esclavage.
" Ma première pensée, en abordant cette terre
" classique de la liberté, est de reconnaître le
" souverain qui la gouverne, et dont la cause
" est inséparable de la mienne. Je dois lui porter
" l'aveu de mes fautes passées, déposer à ses
" pieds mon repentir; lui jurer fidélité, et travail-
" ler désormais à consolider la liberté, l'indé-
" pendance de mon pays, unique but pour lequel
" j'avais pris les armes." Certes, et nous ne craignons pas de le dire ; s'il eût tenu un tel langage ; s'il eût employé son influence à ramener Pétion et consors dans les bons principes ; s'il n'eût pas cherché à démembrer l'état pour s'en approprier les dépouilles, il eût été reçu à bras ouverts, par le chef du gouvernement, qui lui eût pardonné ses fautes, ses erreurs passées, comme il aurait désiré que Dieu les lui pardonnât; il se fût attiré les bénédictions du peuple ; au lieu qu'en suivant une conduite diamétralement opposée, il se prépare les plus sinistres présages, et pour dernière perspective, il creuse lui-même son tombeau et celui de ses partisans.

" Vous avez été les premiers (avait dit le chef
" du gouvernement à Bonnet, lorsqu'après le
" décès de l'empereur il vint au Cap) à montrer

« aux troupes à briser le frein de la discipline
« lorsque vous voudrez les remettre dans le
« devoir, vous ne le pourrez plus ; elles tourne-
« ront contre vous-même leurs armes, tachées
« par le crime. Pour prolonger votre existence,
« vous serez obligés de leur laisser faire tout ce
« qu'elles voudront. Lorsque les trésors de l'état,
« que vous avez dilapidés, seront épuisés, vous
« ne pourrez plus les solder. Vous serez con-
« traints de recourir à des moyens extrêmes, et
« de souffrir les funestes effets de toute leur li-
« cence. Quant à Pétion, je le plains, au lieu
« d'être le chef, il n'est que l'esclave et l'instru-
« ment de votre faction. Lorsqu'il sera bien en-
« gagé, et que les choses seront désespérées,
« vous l'abandonnerez, comme vous, notamment
« Bonnet, avez fait avec le général Vilatte, dont
« vous avez causé la ruine au 30 Ventôse. En
« suscitant la guerre civile, vous serez responsa-
« bles de tous les malheurs qui en résulteront ;
« car l'on sait bien le jour que l'on tire son épée
« du fourreau, mais nul ne peut connaître l'ins-
« tant où il pourra la rengaîner."

Pouvait-on parler plus prophétiquement ? Tout
ce qu'Henry avait prédit n'est-il pas arrivé ? Le
principal moteur de la plus insigne trahison ne
s'est-il pas vu, à son tour, trahi, abandonné par

les perfides qui l'avaient entraîné dans l'abîme ? Bonnet n'a-t-il pas été un des premiers à aller joindre Rigaud, et à se déclarer contre le rebelle Pétion ?

Je reprends le fil des événemens.

Le Président ayant employé tous les moyens que lui dictait sa grande âme, et désespérant de triompher du Môle, sans la force des armes, résolut de prendre le commandement en personne des troupes qui en faisaient le siége, et après les opérations vigoureuses où il déploya ses talens dans le grand art de la guerre, il eut la gloire de se rendre maître de cette fameuse ville rebelle, et de faire mettre bas les armes, à discrétion, à ceux qui la défendaient, après que les deux principaux chefs, Lamarre et Eveillard, y eurent perdu la vie.

Les opérations seules de ce siége demanderaient un ouvrage de longue haleine, car elles fourmillent d'une foule de traits de bravoure et d'héroïsme, qui sont l'apanage de la nation haytienne.

Voici la proclamation que le Président adressa à l'armée, après la prise de cette ville, et qui peint si bien les sentimens de son cœur.

ÉTAT D'HAYTI.

PROCLAMATION.

Henry Christophe,
Président et Généralissime des Forces de Terre et de Mer de l'Etat d'Hayti, à l'Armée de Terre et de Mer de l'Etat d'Hayti.

Soldats,

La place du Môle Saint-Nicolas vient de succomber sous l'effort de vos armes, la rébellion est éteinte en cette partie, et vous avez planté, de toutes parts, les drapeaux de l'autorité légitime, si fameux déjà par les nombreux triomphes remportés sur les ennemis de la liberté.

Vingt jours de siége en règle ont suffi pour détruire, de fond en comble, les forteresses que des mains parricides avaient élevées au génie de la rébellion. En vain une prétendue armée expéditionnaire s'était flattée d'éterniser les dissentions intestines et de faire encenser les autels de l'erreur ; vos bras, armés pour la plus juste des causes, ont, en peu de jours, renversé ces édifices, et enseveli sous leurs débris orgueilleux, l'audace, les projets, et l'espoir d'une faction criminelle.

Lassé de temporiser aux fins d'épargner le sang, m'étant aperçu que rien ne pouvait être comparé à ma patience et à mes bontés, si ce n'était l'endurcissement et l'inflexibilité des factieux, j'ai décidé du sort de cette place criminelle ; aussitôt les deux chefs qui y ont successivement commandé, ont mordu la poussière ; deux de leurs bâtimens de guerre fracassés n'offrent plus dans la rade que leurs carcasses impuissantes ; un amas considérable de canons, de mortiers, de munitions et de provisions de tout genre est le résultat de vos travaux, le prix de votre vaillance ; et ces hommes sortis du fond du Sud, dans le dessein de vous ravir les biens les plus précieux, obligés de se rendre à discrétion, ont connu que votre clémence était égale à votre valeur.

Telle est toujours la récompense du vrai courage ! Rien ne lui résiste, parce qu'il est alimenté par la fidélité à son chef, guidé par l'honneur et inspiré par l'amour de la patrie. Soldats, et vous braves marins qui avez rivalisé en tout avec l'armée de terre ; vous dont les efforts ont maîtrisé les vents, les courans et les flots, dans une croisière qui sera admirée des marins les plus expérimentés. Le nouvel éclat que vos glorieux exploits viennent de réfléchir sur les armes de votre chef, est votre plus bel éloge ; en effet, le zèle, la constance, la loyauté, la fidélité et l'intrépidité que vous avez déployés dans cent combats, nécessités par l'acharnement le plus inconcevable, font mon orgueil et ma gloire ; oui, j'ai reconnu, en vous, ces guerriers intrépides, fondateurs de la liberté et de l'indépendance ; et je me suis plus d'une fois, dans cette campagne, glorifié d'être à votre tête. Qu'il m'est doux de déclarer solennellement que vous avez tous bien mérité de la patrie ! et qu'il sera satisfaisant pour mon cœur de décerner d'honorables récompenses à ceux d'entre vous qui se sont le plus distingués !

Mais c'est peu que de s'illustrer dans la carrière des héros, il est une autre vertu, une autre espèce de gloire dont nous devons donner l'exemple.

Vous avez vu ces soutiens acharnés de l'erreur, ces partisans opiniâtres d'une cause qui fait honte à la raison ainsi qu'à la nature ; vous les avez vus, dis-je, ces malheureux enfans du Sud, lâchement abandonnés et trahis par leurs camarades, après avoir éprouvé tout ce que les disgrâces humaines ont de plus amer, après avoir été contraints de mettre bas les armes, venir se jeter à mes genoux, reconnaître leurs erreurs et implorer ma clémence ; ils croyaient trouver en moi un vainqueur irrité ; ils s'attendaient à lire sur mon front outragé leur sentence de mort ; les ingrats ! ils n'ont été témoins que de ma compassion et des larmes que m'a arrachées leur repentir. Vous mêmes, Soldats, attendris par cet exemple, vous avez noblement partagé avec eux vos tentes, votre nourriture et vos vêtemens ; ils n'ont rencontré en vous que des frères, et vos bras ont soigneusement porté leurs malades et leurs blessés à l'hôpital, pour y être traités et soignés à l'instar de vos compagnons. Que dis-je ? le 9e régiment, celui-là même qui, le premier, avait levé l'étendard de la révolte, ainsi que les débris du 16e, 18e, 21e, 22e, 23e et 24e, faits prisonniers, sont aujourd'hui étonnés de prendre rang dans l'armée d'Hayti ; mais que leur surprise cesse, qu'ils sachent qu'en punissant, un père est toujours père, et qu'ils rappellent à leur souvenir ces paroles du père commun des morttels : " *Il y aura plus de joie dans le ciel pour une* " *brebis retrouvée que pour cent qui ne se sont* " *jamais égarées.*"

Puisse ce trait de magnanimité amollir le cœur de ceux qui fomentent encore ou qui caressent l'imposture! Qu'ils apprennent enfin qu'il est beau de sacrifier ses passions privées à l'intérêt général ; qu'ils considèrent que les vils agens du gouvernement français, semblables à des vautours affamés, n'épient que le moment de fondre sur leur proie ; qu'ils réfléchissent que le vaisseau de l'indépendance, à bord duquel nous sommes tous embarqués, doit se sauver ou périr avec ses passagers ; et que, pour l'amener à bon port, il est glorieux de se rallier à des frères qui savent combattre, vaincre et pardonner. Pour moi, convaincu que nos divisions sont la joie et l'espoir de nos ennemis, persuadé que ce pays est le seul qui s'offre encore aux âmes libres, certain par l'expérience que la cause des noirs et des jaunes est une et inséparable ; instruit par des données suffisantes, que nos tyrans communs ourdissent de nouvelles trames pour rendre nos querelles interminables, je prends le ciel et les hommes à témoin, qu'aucun sacrifice ne me coûtera, lorsqu'il s'agira de réunir les enfans d'Hayti sous l'égide paternelle. Confiant dans mes propres moyens, sûr de la légitimé de ma cause et fort de l'ascendant qu'ils me donnent, je ne crains point de renouveller ici l'AMNISTIE GÉNÉRALE que j'ai déjà offerte pour parvenir au salut de l'état, unique objet de mon ambition.

Mais s'il est à désirer qu'une portion d'haytiens encore égarés, revienne de son erreur et expie les torts de plusieurs années par un instant de repentir, il est de l'intérêt public que les membres de la grande famille se réunissent pour le désespoir et l'effroi de nos tyrans, il n'est pas moins nécessaire de garder l'attitude qui convient à des hommes qui, ayant beaucoup fait, savent qu'il leur reste encore beaucoup à faire.

Soldats,

Vous allez rentrer dans vos garnisons et cantonnemens respectifs, pour vous délasser des pénibles fatigues que vous avez essuyées ; apportez-y cet esprit d'ordre, de subordination et de discipline, gage sacré de la victoire. Je distribuerai le prix de la valeur à ceux qui se sont signalés par de belles actions ; vos corps vont être complétés et de nouveau habillés et équippés ; jouissez donc en paix du fruit de vos lauriers, et soyez prêts, au premier signal, à compléter le triomphe de l'autorité légitime.

Fait au palais du Cap-Henry, le 8 Octobre 1810, l'an sept de l'indépendance d'Hayti.

HENRY CHRISTOPHE.

Par le Président,
Le Maréchal de camp, secrétaire particulier de S. A. S.

PREVOST.

Avec quels transports d'amour et d'allégresse le Président fut reçu au retour de sa campagne, chacun s'empressait de jeter, sur ses pas, les lauriers de la victoire, et depuis le Port-de-Paix jusqu'au Cap-Henry, ce n'était qu'arcs de triomphe, trophées, élevés par l'amour du peuple. Son voyage fut une véritable marche triomphale. Qu'il est doux, qu'il est glorieux d'être aimé ainsi. Mais aussi qu'il est satisfaisant d'avoir des citoyens vertueux qui pensent de même!

Parmi les vers faits à cette occasion, l'ode suivante doit trouver ici sa place.

ODE

SUR LA PRISE DU MÔLE SAINT-NICOLAS.

Quel inconcevable délire
Me transporte au sacré vallon?
Quel Dieu fait résonner ma lyre?
Est-ce toi? divin Apollon!
Non; c'est l'Ange de la Patrie
Qui vient à ma touche enhardie
Proposer d'immortels crayons;
Flambeau de ce brûlant tropique!
Soleil! à ma verve héroïque
Prête l'éclat de tes rayons!

Long-temps la discorde écumante,
Avait fait siffler ses serpens;
Une ligue, à sa voix sanglante,
Du Nord sappait les fondemens.

Sur le théâtre des batailles,
Plus d'une fois, de ces canailles
Les os ont blanchi dispersés ;
Mais une place trop fameuse,
Ouvrant son enceinte orgueilleuse,
Reçut leurs débris harassés.

Tremblez, brigands ! troupe superbe ;
HENRY paraît sous vos remparts ;
Vos décombres gissans sur l'herbe,
Vont arborer ses étendarts.
Voyez ces machines guerrières ;
Voyez ces bouches meurtrières,
Vomissant la foudre et la mort.
Déjà nos vaillantes cohortes
Du *Môle* ont menacé les portes ;
Redoutez leur noble transport.

Qu'entends-je ? O ciel ! quel bruit horrible,
Fait retentir l'air en tous lieux ?
Jupiter n'est pas plus terrible,
Quand sa main ébranle les cieux.
Que vois-je ? des rangs magnanimes,
Du devoir augustes victimes,
Au champ d'honneur sont renversés.
Cuisses, bras, têtes des rebelles,
Tours, murs, guérites, sentinelles,
Roulent l'un sur l'autre entassés.

Mais quel corps d'armée intrépide
Assaillit le fort *Allemand* ?

Guerrier monte * et l'honneur le guide
Vers la victoire qui l'attend !
Janite † que rien n'épouvante,
Pierrette ‡ à l'audace bouillante,
Ont escaladé des premiers !
Mais hélas ! *Janniton* succombe §,
César ‖ *Prospère* ¶ ont, dans la tombe,
Emporté nos pleurs, leurs lauriers.

En vain les flots d'une réserve
Tentent de reprendre ce fort ;
L'œil ardent de *Simon* observe **,
Il va décider de leur sort.
Soudain une foule d'élite ††
Avec lui, part, se précipite,

* Brigadier des armées, aide-de-camp de S. A. S., fait maréchal de camp sur le champ de bataille.

† Capitaine des grenadiers du 14e régiment.

‡ Sous-lieutenant des grenadiers du 7e régiment.

§ Lieutenant colonel du 14e régiment.

‖ Idem.

¶ Capitaine des grenadiers du 14e régiment.

** Brigadier des armées, aide-de-camp de S. A. S., fait maréchal de camp sur le champ de bataille.

†† MM. le brigadier des armées Henry Proix ; les colonels Jean Charles, Pierre Théodore, Célestin Cap, Pierre Poux et Etienne Bottex ; les lieutenans colonels Célestin, Pétigny, Jumeaux, Blaise, Leconte, Baucher, Pescay, et Dezorme, tous aides-de-camp de S. A. S. Le lieutenant colonel Honoré Samsou, du 1er régiment ; le capitaine Lafrance ; le lieutenant Noël Coïdavid, tous deux aux grenadiers du 3e bataillon du 2e régiment.

E

Sème la terreur, le trépas ;
Bientôt cette horde épuisée,
Prise en flanc, gémit écrasée
Sous les fiers coursiers de Lucas.

Faut-il que la parque barbare,
De *Leconte* * ait tranché les jours ?
De tes destins, brave *Lazare* †,
Elle a donc terminé le cours ?
Appaisez-vous, ombres sublimes !
Théophile ‡, l'effroi des crimes,
Aux *redoutes* § vous a vengés.
Les murs de la ville rebelle,
Ses toits fumans sous l'étincelle,
Bientôt vont être ravagés.

Eh ! quoi ? déjà le bronze tonne,
La bombe éclate de nouveau !
Au fort *Georges* quelle colonne
Se porte et va livrer l'assaut ?
Arrêtez.... la bande éperdue,
Quitte son repaire, évacue,
Laissant fusils, morts et blessés ;
De la nuit les crêpes funèbres
Prêtent leurs propices ténèbres
A ces rebelles terrassés.

* Lieutenant, aide-de-camp de S. E. le lieutenant général Paul Romain.
† Capitaine de cavalerie.
‡ Lieutenant colonel.
§ Du fort Allemand.

Sous les auspices de *Vallière* *
En vain ils courent se ranger ;
Contre l'ardeur de *Charles Pierre* †
Rien ne saurait les protéger ;
Bientôt leurs phalanges tremblantes,
Fuyant nos troupes menaçantes,
Cherchent leur salut dans les bois ;
De nos braves la vigilance,
Les poursuivant à toute outrance,
A su les réduire aux abois.

Aux genoux d'un vainqueur, d'un père,
Ils tombent enfin prosternés.
O clémence ! ô bonté prospère !
Par ce Prince ils sont pardonnés ;
Dans ceux dont l'aveugle arrogance
Avait outragé sa puissance ;
Il ne voit plus que ses enfans :
" Allez, et que même l'envie
" Dise que j'ai fait, en ma vie,
" Plus d'ingrats que de mécontens."

Il dit ; et du vaste Empyrée
S'échappe un sillon radieux,
Et fendant la voûte azurée,
Un trône est descendu des cieux ;
C'est le char de l'Indépendance !
O jour de gloire et de puissance !

* Redoute et batterie.
† Brigadier des armées, aide-de-camp de S. A. S., fait maréchal de camp sur le champ de bataille.

Il vient planer sur nos drapeaux ;
Au gré de son impatience,
Déjà la Déesse s'élance,
Et vient embrasser son héros.

Hayti! décore ta tresse
Des lauriers de ton favori ;
Que ton sein saute d'allégresse
Aux brillans exploits de HENRY !
Si des charmes de ta verdure,
Si de ta riante parure
Tu t'enorgueillis à nos yeux,
Songe que c'est au bras terrible,
De ce chef puissant, invincible,
Que tu dois ces dons précieux.

La guerre heureusement terminée et le Nord entièrement débarrassé d'ennemis, les troupes furent renvoyées dans leurs foyers, pour jouir du repos dont elles avaient tant de besoin.

Recevez, braves et fidèles troupes soumises à l'autorité légitime, le tribut de l'admiration, l'hommage de la reconnaissance d'un de vos compagnons d'armes, qui connaît l'esprit du soldat, qui aime à se trouver au milieu de vous, qui a quelques fois partagé vos dangers, et pour qui votre sort ne peut être indifférent. Le Dieu des armées a béni et couronné vos armes, de gloire. Grâces vous soient rendues! Vous avez délivré vos concitoyens des fureurs de la guerre civile et de l'anarchie, vous avez beaucoup fait sans doute; mais vous croyez n'avoir encore rien fait, tant qu'il vous reste à planter vos drapeaux victorieux dans tous les lieux tachés par la rébellion. Encore quelques temps, la conquête du Môle doit vous prouver que rien n'est impossible, conduits par un guerrier comme celui qui nous gouverne.

Non encore délassé des fatigues du Môle, le Président s'occupe de l'organisation de l'armée de terre et de mer; il passe en revue les troupes; fait faire les appels nominatifs, se fait rendre compte jusqu'au dernier soldat de chaque corps, renvoie aux travaux de culture ceux qu'il ne juge pas devoir continuer le service, les remplace par des jeunes gens, nomme aux places vacantes, porte les régimens et les équipages au complet; fait réparer et mettre en état les armes de la troupe, et les bâtimens de l'escadre; habille l'armée, approvisionne la flotte pour la mettre en état de reprendre sa croisière.

Il organise en légion les troupes du Sud qui se sont soumises au Môle; nomme aux places vacantes dans ce corps, et leur fait prendre rang dans l'armée. Détrompées de leur erreur, il ne voit plus en eux que des enfans.

Il s'occupe du mode d'affermage des biens domaniaux; et dans la distribution des fermes, il n'oublie pas ces infortunées épouses, et ces malheureux orphelins que le sort des armes ou les événemens de la nature ont privés d'un époux, d'un père tendre ; il remplace ce père tendre pour ces intéressantes créatures, non-seulement en assurant leur subsistance, mais en leur procurant les bienfaits d'une éducation qui doit les mettre à même de remplacer, pour la patrie, les auteurs de leurs jours!

Le Président visite les provinces. Partout il est reçu, non comme le vainqueur du Môle, mais comme un génie vivificateur qui vient visiter ces contrées. Son œil améliorateur embrasse toutes les parties ; il a la douce satisfaction de voir que partout les cultivateurs, régulièrement payés du quart afférant sur les revenus qu'ils manufacturent, le bénissent de l'aisance dont ils jouissent. Si d'injustes et avides fermiers ne frustrent plus le salaire de leur travail, et ne s'engraissent pas de leurs sueurs ; si les bestiaux ne ravagent plus leurs places à vivres ; si la banane mûrit sur le bananier chéri, c'est à Henry que ces hommes de la nature le doivent. Il anime l'industrie, échauffe le commerce. En sa présence le peuple fait éclater ses transports, gages non équivoques d'un amour et d'un attachement qui tient de l'idolâtrie. De son palais, il se transporte sous le chaume du cultivateur, comme dans la caserne du soldat, et toujours leur bonheur fait l'objet constant de ses plus vives et de ses plus tendres sollicitudes.

Le rétablissement des mœurs, mis à l'ordre du jour, influe sur la paix et la tranquillité des ménages ; le vice fuit, et cache ses honteuses débauches ; les nœuds sacrés du mariage se forment à l'envi ; ces tendres liens qui unissent l'homme à la femme, crée de vertueuses compagnes, attache le citoyen à son pays, à la grande famille de l'état, par l'image de la sienne propre et du bonheur domestique ; et pour plus grand encouragement, le chef suprême donne lui-même le touchant exemple des vertus conjugales ; il prouve que les mœurs sont filles des bons monarques, et font la gloire de leurs règnes, comme la licence naît des mauvais princes, et font le déshonneur de leur gouvernement.

Le Président croit devoir céder à son cœur généreux ; touché des calamités de la guerre civile, du sein de la victoire, il sacrifie ses ressentimens. Il oublie que ses offres, ses paroles de paix ont été tant de fois méprisées, il croit devoir à ses concitoyens, pour les convaincre encore plus particulièrement de ses intentions, d'envoyer des missionnaires de paix au Port-aux-Crimes, auprès du révolté Pétion ; il fait suivre ces missionnaires d'une députation de douze militaires des différens corps du Sud, qui ont mis bas les armes au Môle, pour éclairer leurs camarades sur le traitement qui leur a été fait. L'on devait s'attendre que des offres si sincères auraient été appréciées, comme elles devaient l'être; et déjà tous les bons citoyens se flattaient de la cessation de la guerre. Vain espoir! Leur rêve s'est évanoui. Le cœur du Président s'est encore plus persuadé que ce n'était qu'au déployement des moyens rigoureux, comme au Môle, qu'il aurait l'espoir de triompher du trop coupable entêtement des révoltés!

Je me dérobe avec joie au détail de nos malheurs; j'arrive à la partie la plus intéressante de mon ouvrage.

Génie de la patrie, enflamme mon esprit de ce saint amour de mes semblables! Vérité, c'est sous tes auspices que j'ai pris la plume. Daignes la guider, que mes écrits, animés par ta sublime éloquence, portent jusqu'aux climats les plus éloignés, la gloire et la vertu d'Henry; que son nom chéri ne soit prononcé au dehors qu'avec la vénération qu'il inspire; qu'éclairés sur ses grandes qualités, et par le récit de ce qu'il a fait pour son peuple et pour la postérité, les étrangers conviennent enfin que, dans la portion de cette classe d'hommes, jusqu'alors gémissante sous le joug des préjuges, il s'est trouvé, comme chez eux, de ces êtres extraordinaires, évidemment protégés par la nature et par les cieux, qui devaient paraître dans les révolutions de la terre, pour cicatriser leurs plaies, et replacer l'ordre social dans les bornes dont le cours impétueux des événemens l'avait écarté !

Les Haytiens venaient de fêter la huitième année de leur indépendance ; et si l'aurore de ce beau jour ne les voyait pas encore réunis, du moins ils étaient assez persuadés par ce que Henry avait fait de grand, pour espérer que seul il avait la volonté, comme le pouvoir de consolider et d'affermir les bases de cette indépendance, objet de leurs vœux.

Depuis long-temps l'opinion bien prononcée des plus respectables et des plus éclairés citoyens, était de porter Henry sur le trône ; ils avaient reconnu l'insuffisance du titre dont ils l'avaient revêtu dans des temps de calamité. Le chef d'une nation guerrière, qui ne doit jamais perdre de vue que dès l'instant où elle déposera son caractère belliqueux, sera celui où elle courra les risques d'anéantir son existence, ou plutôt que son existence est essentiellement liée à son ardeur martiale ; ce chef, dis-je, ne pouvait conserver plus long-temps la qualification d'une dignité qui ne rendait pas l'idée de la souveraine puissance. La révision de la constitution fut donc décidée,

F

Le conseil d'état travaillait avec ardeur à cet objet; mais son travail, qui devait offrir un monument de la gratitude et de la reconnaissance des Haytiens, en décernant la couronne à Henry, en la rendant héréditaire dans son illustre maison, ne pouvait rester secret. Il transpira, et ce fut dans un voyage au Fort-Dauphin, le 26 Mars, jour à jamais célèbre, que le chef de l'état fut salué et proclamé roi, son auguste épouse reine d'Hayti, et leur fils prince royal. Cet élan sublime une fois donné, la flamme électrique n'est pas plus prompte que l'essor avec lequel elle se communiqua, et l'assentiment général de toutes les classes de la société, prouva que ce peuple bon et magnanime avait pressenti ce grand et glorieux événement; aussi avec quel transport d'amour et de joie, Leurs Majestés furent-elles reçues à leur arrivée dans la capitale? Il ne leur servit de rien de s'y être rendues nuitamment ; elles trouvèrent tout le peuple debout, s'empressant de leur prodiguer ces hommages, ces félicitations si sincères, si touchantes, quand elles partent du cœur. Leurs Majestés reçurent, dans la nuit même, les hommages et les félicitations de tous les corps civils et militaires, et ceux de MM. les négocians étrangers établis dans la capitale, qui crurent devoir payer ce tribut de respect et de vénération à Leurs Majestés.

Le conseil d'état s'étant formé en conseil général, et ayant à cet effet appelé, dans son sein, tous les généraux de l'armée de terre et de mer, et ceux des principaux citoyens qu'il jugea dignes d'admettre à ses travaux, pour leur donner plus d'éclat, et ayant mis la dernière main à son œuvre immortel, s'est transporté, en grande tenue, le 4 Avril, au palais de Leurs Majestés. Présenté par le grand maître des cérémonies à Leurs Majestés, qui étaient entourées de leur famille royale, S. E. le lieutenant général Paul Romain, organe du grand conseil, s'est exprimé en ces termes :

" Le conseil d'état a l'honneur de présenter à Votre Majesté la Loi constitutionnelle, dont la confection a été l'objet de ses plus profondes méditations.

" Nous aurons rempli l'attente du peuple et de l'armée, et nos travaux auront correspondu au vœu de nos cœurs, si la base fondamentale sur laquelle va reposer ce nouveau royaume, sait dignement concilier la félicité publique avec la majesté du trône et la dignité de la représentation nationale.

" Ce jour d'éternelle mémoire, où le peuple Haytien va reconnaître, à la face du ciel et de la terre, son protecteur, son père et son roi, dans le mortel généreux qui l'a sauvé, pénètre nos âmes des plus délicieuses émotions.

" A la vue du diadême qui va se poser sur le front auguste où sont écrites nos glorieuses

destinées, tremblez ennemis de notre pays!....
Ce moment a pour jamais décidé de la souveraineté de ces lieux ; et c'est celui du triomphe de tous les cœurs, puisqu'ils couronnent enfin leur idole.

" Au bras magnanime de Henry le sceptre appartenait, c'est l'attribut du vrai courage ; et la fortune toujours docile à la voix du génie, lui paye, en ce moment, le prix de vingt ans de travaux.

" Hayti, lève ta tête altière, ne sois plus alarmée sur ta future prospérité, et adresse au ciel des actions de grâces ; car lorsqu'un Henry monte sur le trône, les Sully sont près de renaître."

Sa Majesté a répondu :

" MESSIEURS,

" Je n'ai d'autre bonheur que celui du peuple Haytien dont j'ai partagé les travaux, et rien de ce qui intéresse le bien de l'état ne peut m'être étranger.

" La nation a jugé nécessaire à sa prospérité et à sa sûreté de m'élever au trône et d'en fixer l'hérédité dans ma famille. Je me rends à son vœu, puisque c'est contribuer à la félicité publique.

" Ce jour, en me donnant la mesure de tous les cœurs, sera sans cesse présent à mon esprit ; il me rappellera ce que le peuple Haytien a fait pour moi et ma famille, et tous les instans de ma vie seront consacrés à le récompenser de sa tendresse filiale.

" Je serai, sur le trône, tel que j'ai été dans l'adversité, tel qu'il convient de l'être à un bon roi ; et puissent mes descendans hériter successivement du pur amour dont je brûle pour la patrie !"

Ensuite S. E. M. le lieutenant général Paul Romain, s'adressant à Sa Majesté la Reine, lui a dit :

" Madame,

" Nous venons d'avoir l'honneur de présenter à votre auguste époux la Loi constitutionnelle qui fixe à jamais la destinée d'Hayti, en même temps qu'elle rend héréditaire, dans la famille de notre souverain, la monarchie de l'état.

" Si quelque chose peut ajouter aux douces sensations qui font tressaillir nos âmes, c'est de voir les éminentes qualités dont le ciel vous a pourvue, s'asseoir auprès du trône que l'amour et la reconnaissance des Haytiens vous ont élevé.

" Mille grâces soient rendues au Tout-Puissant, qui semble n'avoir élevé si haut la sensibilité, les bontés généreuses dont votre cœur est le sanctuaire, que pour les mettre plus à portée d'étendre sur ce pays leur heureuse influence.

" Le conseil d'état se glorifie de déposer aux pieds de Votre Majesté, le tribut d'amour, de respect, de gratitude et d'admiration que vos vertus savent si bien inspirer."

Sa Majesté a répondu :

" Messieurs,

" Le nom de Reine que la nation vient de me décerner, me lie encore plus particulièrement au sort du peuple Haytien, pour lequel je me suis toujours glorifiée d'être une tendre mère.

" Je n'oublierai pas, sur le trône, les devoirs qu'impose la Majesté Royale, et quand ma famille est destinée à y prendre place, c'est assez m'éclairer sur le soin extrême que je dois apporter à son éducation: oui, mes enfans seront ma parure la plus chère, puisque d'eux doit dépendre un jour la destinée de ma patrie."

LOI

Constitutionnelle du Conseil d'Etat, qui établit la Royauté à Hayti.

Le conseil d'état extraordinairement assemblé, à l'effet de délibérer sur les changemens qu'il est nécessaire de faire à la constitution de l'état d'Hayti, et sur le meilleur ordre de gouvernement qui lui convient,

Considérant que, lorsque la constitution du 17 Février 1807, an 4eme, fut promulguée, l'état se trouvait, à proprement parler, sans pacte social, et les orages de la guerre civile grondaient avec une telle force, qu'ils ne permettaient pas aux mandataires du peuple de fixer d'une manière irrévocable le seul mode de gouvernement qui nous convînt réellement;

Que cette constitution, cependant, toute informe qu'elle paraît l'être, et dont ces mêmes mandataires ne se dissimulaient pas l'imperfection, convenait alors aux crises dans lesquelles elle avait pris naissance, et aux tempêtes qui environnaient son berceau;

Que le petit nombre de principes sublimes qu'elle renferme, suffisait néanmoins au bonheur du peuple dont elle fixait tous les droits dans ces temps déplorables ;

Considérant qu'aujourd'hui, grâces au génie du suprême magistrat qui tient les rênes de l'état, dont les hautes conceptions et la brillante valeur ont su ramener l'ordre, le bonheur et la prospérité ;

L'état florissant de la culture, du commerce et de la navigation, le rétablissement des mœurs, de la morale et de la religion, la haute discipline établie dans l'armée et la flotte, semblent promettre une éternelle durée à l'état ;

Qu'il convient aujourd'hui, plus que jamais, d'établir un ordre de choses stable, un mode de gouvernement qui doit à jamais régir le pays qui nous a vu naître ;

Considérant qu'il est instant de revêtir l'autorité souveraine d'une qualification auguste, grande, qui rende l'idée de la majesté du pouvoir ;

Que l'érection d'un trône héréditaire est la conséquence nécessaire de cette puissante considération ;

Que l'hérédité du pouvoir aux seuls enfans mâles et légitimes (à l'exclusion perpétuelle des femmes), dans une famille illustre, constamment dévouée à la gloire et au bonheur de la patrie, qui lui doit son existence politique, est autant un devoir qu'une marque éclatante de la reconnaissance nationale ;

Que la nation qui fait en ce moment, par nos organes, l'usage de sa volonté et de sa souveraineté, en les confiant à celui qui l'a relevée de l'abîme et des précipices où ses plus acharnés ennemis voulaient l'anéantir, à celui qui la gouverne maintenant avec tant de gloire, que cette nation n'a pas à craindre pour sa liberté, son indépendance et son bonheur;

Qu'il convient aussi d'établir des grandes dignités; autant pour relever la splendeur du trône, que pour récompenser de signalés services rendus à la patrie, par des officiers qui se dévouent pour le bonheur, la gloire et la prospérité de l'état.

Le conseil d'état rend en conséquence la Loi organique suivante:

TITRE PREMIER.

DE LA PREMIÈRE AUTORITÉ.

Article Premier.

Le président Henry Christophe est déclaré Roi d'Hayti, sous le nom d'HENRY.

Ce titre, ses prérogatives et immunités seront héréditaires dans sa famille, dans les descendans mâles et légitimes en ligne directe, par droit d'aînesse, à l'exclusion des femmes.

2. Tous les actes du royaume seront au nom du roi, promulgués et publiés sous le sceau royal.

3. A défaut d'enfans mâles en ligne directe, l'hérédité passera dans la famille du prince le plus proche parent du roi, ou le plus ancien en dignité.

4. Cependant il sera loisible au roi d'adopter les enfans de tel prince du royaume qu'il jugera à propos, à défaut d'héritier.

5. S'il lui survient, après l'adoption, des enfans mâles, leurs droits d'hérédité prévaudront sur les enfans adoptifs.

6. Au décès du roi et jusqu'à ce que son

successeur soit reconnu, les affaires du royaume seront gouvernées par les ministres et le conseil du roi, qui se formeront en conseil général, et qui délibéreront à la majorité des voix. Le secrétaire d'état tient le registre des délibérations.

TITRE II.

DE LA FAMILLE ROYALE.

7. L'épouse du roi est déclarée REINE D'HAYTI.

8. Les membres de la famille royale porteront le titre de Princes et Princesses. On les qualifie d'Altesses Royales. L'héritier présomptif est dénommé Prince Royal.

9. Ces princes sont membres du conseil d'état, sitôt qu'ils ont atteint leur majorité.

10. Les princes et princesses royales ne peuvent se marier sans l'autorisation du roi.

11. Le roi fait lui-même l'organisation de son palais d'une manière conforme à la dignité de la couronne.

12. Il sera établi, d'après les ordres du roi, des palais et châteaux dans les lieux du royaume qu'il jugera à propos de désigner.

TITRE III.

DE LA RÉGENCE.

13. Le roi est mineur jusqu'à l'âge de 15 ans accomplis; pendant sa minorité, il sera nommé un régent du royaume.

14. Le régent sera âgé au moins de 25 ans accomplis, et sera choisi parmi les princes les plus proches parens du roi (à l'exclusion des

femmes) et à leur défaut, parmi les grands dignitaires du royaume.

15. A défaut de désignation de régent de la part du roi, le grand conseil en désignera un de la manière qui est prescrite dans l'article précédent.

16. Le régent exerce, jusqu'à la majorité du roi, toutes les attributions de la dignité royale.

17 Le régent ne peut conclure aucun traité de paix, d'alliance ou de commerce, ni faire aucune déclaration de guerre, qu'après mûre délibération et de l'avis du grand conseil ; l'opinion sera émise à la majorité des voix, et en cas d'égalité de suffrage, celle qui se trouvera conforme à l'avis du régent, emportera la balance.

18. Le régent ne peut nommer ni aux grandes dignités du royaume, ni aux places d'officiers généraux de l'armée de terre et de mer.

19. Tous les actes de la régence sont au nom du roi mineur.

20. La garde du roi mineur est confiée à sa mère, et, à son défaut, au prince désigné par le roi défunt.

Ne peuvent être élus pour la garde du roi mineur, ni le régent ni ses descendans.

TITRE IV.

DU GRAND-CONSEIL ET DU CONSEIL PRIVÉ.

21. Le grand conseil est composé des princes du sang, des princes, ducs et comtes nommés, et au choix de Sa Majesté, qui en fixe lui-même le nombre.

22. Le conseil est présidé par le roi, et lorsqu'il ne le préside pas lui-même, il désigne un

des grands du royaume pour remplir cette fonction.

23. Le conseil privé est choisi par le roi, parmi les grands dignitaires du royaume.

TITRE V.

DES GRANDS OFFICIERS DU ROYAUME.

24. Les grands officiers du royaume sont les grands maréchaux d'Hayti; ils sont choisis parmi les généraux de tous les grades, selon leur mérite.

25. Leur nombre n'est point fixé : le roi le détermine à chaque promotion.

26. Les places des grands officiers du royaume sont inamovibles.

27. Lorsque par un ordre du roi, ou pour cause d'invalidité, un des grands officiers du royaume viendrait à cesser ses fonctions, il conservera ses titres, son rang et la moitié de son traitement.

TITRE VI.

DES MINISTRES.

28. Il y aura dans le royaume quatre ministres, au choix et à la nomination du roi.

Le ministre de la guerre et de la marine.
Le ministre des finances et de l'intérieur.
Le ministre des affaires étrangères.
Et celui de la justice.

29. Les ministres sont membres du conseil et ont voix délibérative.

30. Les ministres rendent compte directement à Sa Majesté, et prennent ses ordres.

TITRE VII.

DES SERMENS.

31. A son avénement ou à sa majorité, le roi prête serment sur l'évangile, en présence des grandes autorités du royaume.

32. Le régent, avant de commencer l'exercice de ses fonctions, prête aussi serment, accompagné des mêmes autorités.

33. Les titulaires des grandes charges, les grands officiers, les ministres et le secrétaire d'état prêtent aussi serment de fidélité entre les mains du roi.

TITRE VIII, et Dernier.

DE LA PROMULGATION.

34. La promulgation de tous les actes du royaume est ainsi conçue ;

N. par la grâce de Dieu et la Loi constitutionnelle de l'état, roi d'Hayti, à tous présens et à venir, Salut.

Ces actes se terminent ainsi qu'il suit :

MANDONS et ordonnons que les présentes, revêtues de notre sceau, soient adressées à toutes les cours, tribunaux et autorités administratives, pour qu'ils les transcrivent dans leurs registres, les observent et les fassent observer dans tout le royaume ; et le ministre de la justice est chargé de la promulgation.

35. Les expéditions exécutoires des jugemens des cours de justice et des tribunaux, sont rédigées ainsi qu'il suit :

N. par la grâce de Dieu et la Loi constitutionnelle de l'état, roi d'Hayti, à tous présens et à venir, Salut.

Suit la copie de l'arrêt ou jugement :

Mandons et ordonnons à tous huissiers sur ce requis, de mettre ledit jugement à exécution ; à nos procureurs près les tribunaux d'y tenir la main ; à tous commandans et officiers de la force publique de prêter main-forte lorsqu'ils en seront légalement requis.

En foi de quoi le présent jugement a été signé par le président de la cour et le greffier.

Fait par le conseil d'état d'Hayti.

Au Cap-Henry, le 28 Mars 1811, an 8me de l'indépendance.

Signé Paul Romain, doyen ; André Vernet, Toussaint Brave, Jean-Philippe Daux, Martial Besse, Jean-Pierre Richard, Jean Fleury, Jean-Baptiste Juge, Etienne Magny, secrétaire.

Nous, préfet apostolique et officiers généraux de terre et de mer, administrateurs des finances et officiers de justice, soussignés, tant en notre nom personnel qu'en celui de l'armée et du peuple, dont nous sommes ici les organes, nous joignons de cœur et d'esprit au conseil d'état, pour la proclamation de Sa Majesté, HENRY CHRISTOPHE, Roi d'Hayti, notre vœu et celui du peuple et de l'armée étant tels depuis long-temps.

C. Brelle, préfet apostolique ; N. Joachim, Rouanez, lieutenans généraux ; Pierre Toussaint, Raphaël, Louis Achille, Charles Charlot, Cottereau, Jasmin, Prevost, Dupont, Charles Pierre, Guerrier, Simon, Placide Lebrun, maréchaux de camp ; Bastien Jean-Baptiste, Pierre Saint-Jean, contre-amiraux; Almanjor fils, Henry Proix, Chevalier, Papalier, Raimond, Sicard, Ferrier, Dosson, Caze, brigadiers des armées; Bastien Fabien, Cadet Antoine, Bernardine Sprew, chefs de division de la marine; Stanislas Latortue, Joseph Latortue, intendans; Delon, contrôleur; Jean-Baptiste Petit, trésorier; P. A. Charrier, directeur des domaines; L. Raphaël, directeur des douanes; Boyer, garde-magasin central; Juste Hugonin, commissaire général du gouvernement près les tribunaux; Isaac, juge de paix; Lagroue, Chanlatte, notaires; Dupuy, interprête du gouvernement.

Le 6 Avril fut le jour choisi pour la publication de la constitution. Le conseil d'état en grande tenue, le commissaire général du gouvernement portant l'original de la Loi constitutionnelle, le gouverneur de la capitale, les officiers de l'état-major et ceux des régimens en garnison dans la capitale, les officiers d'administration, les membres des tribunaux, les défenseurs, les principaux négocians Haytiens, comme étrangers, et une foule de citoyens respectables de tous les états et de toute condition, tous mêlés et confondus, animés par la gaieté la plus vive qui se peignait dans leurs regards, se sont transportés, au son d'une musique guerrière, dans toutes les places et carrefours, et ont donné lecture au peuple de l'adresse du conseil d'état, ainsi conçue:

LE CONSEIL D'ÉTAT.

Au Peuple et à l'Armée de Terre et de Mer d'Hayti.

Concitoyens,

Vos mandataires se sont de nouveau assemblés pour la révision de la constitution d'Hayti, du 17 Février 1807, an 4eme. Ayant à prononcer sur vos plus chers intérêts, ils l'ont fait avec tout le zèle, le patriotisme dont ils sont capables. Pour répondre à votre confiance, ils ont appelé auprès d'eux les Haytiens les plus instruits; ils ont mûri, dans le silence du cabinet, la forme du gouvernement qui convient au pays qui nous a donné le jour; ils n'ont jamais perdu de vue votre bonheur, auquel le leur est nécessairement lié; ils vous présentent le fruit de leurs veilles.

Lorsque l'état, menacé par les conspirations qui se formaient dans son sein, et attisées encore par nos cruels et acharnés ennemis, présentait l'image du chaos et d'un bouleversement général; le grand homme qui nous gouverne sentit la nécessité d'un pacte social, autour duquel pussent se réunir tous les Haytiens, pour qui le nom de patrie n'est point un vain titre; il nous convoqua : nous nous empressâmes de seconder ses vues, et de vous offrir le code de lois que nous avions arrêté. Nous ne nous dissimulâmes pas alors que cet ouvrage n'était point entièrement achevé; nous pensâmes que les principes que nous avions proclamés pouvaient du moins suffire pour le temps de crises dans lequel nous nous trouvions ; et vu les orages qui grondaient autour du vaisseau de l'état, nous nous réservâmes donc le soin de retoucher notre ouvrage, de le perfectionner et de l'adapter encore mieux à nos usages, à nos lois, à nos mœurs. Dans cette flatteuse espérance, nous attendîmes que, les tempêtes calmées, le ciel plus serein, nous permît de reprendre le cours de nos travaux.

Grâces au génie tutélaire d'Hayti, grâces au suprême magistrat, grâces à ses hautes conceptions, à sa brillante valeur, à son énergie, à son activité, la victoire, fidèle à ses armes, s'est fixée sous ses drapeaux, le calme renaît, l'ordre s'est rétabli, la discipline a été remise en vigueur dans l'armée et dans la flotte, les conspirations ont été étouffées, les conspirateurs punis, la justice a repris son cours, la morale et l'instruction publique se sont perfectionnées, la culture et le commerce ont été améliorés ; enfin le bonheur et la prospérité ont reparu, et promettent à l'état une éternelle durée ; nous avons pensé que l'heureuse occasion s'offrait de perfectionner les institutions que nous n'avions qu'ébauchées, et nous nous sommes écrié : *Les temps sont venus.*

Pour nous préserver de ces secousses fréquentes, de ces horribles convulsions qui ont si souvent agité et bouleversé le corps politique, pour mettre un frein au flux et reflux des passions, aux menées de l'intrigue, à la fureur des factions et à la réaction des partis ; en un mot pour éviter à jamais ce chaos, cette confusion et ce choc perpétuel qui résultent de ces monstrueuses associations connues sous le nom de *Corps populaires*; nous avons senti la nécessité d'un chef unique sous les puissantes mains duquel il n'y eût plus de froissemens ; nos cœurs ont été en analogie avec ceux du peuple et de l'armée, qui ont compris que le gouvernement d'un seul est le plus naturel, le moins sujet aux troubles et aux revers, et celui qui réunit au suprême degré le pouvoir de maintenir nos lois, de protéger nos droits, de défendre notre liberté et de nous faire respecter au-dehors.

Mais c'était peu que de revêtir l'autorité souveraine d'une qualification grande, imposante, qui rendît l'idée de la majesté du pouvoir, qui lui imprimât ce respect inséparable de la puissance royale, et qui donnât toute la latitude possible pour faire le bien, en ne reconnaissant que la loi au-dessus de sa volonté ; il fallait encore, dans le cas de vacance du trône, aviser au moyen le plus propre d'obvier à des querelles civiles interminables, de maintenir le repos et la fixité du corps politique ; et la succession héréditaire nous a paru la plus convenable à remplir ce but important.

Passant de ces hautes considérations à d'autres essentielles pour environner l'éclat de la majesté du trône, nous nous sommes occupés de l'institution d'une noblesse héréditaire, dont l'honneur soit le caractère distinctif, dont la fidélité soit à toute épreuve, dont le dévouement soit sans bornes, qui sache vivre, vaincre ou mourir pour le soutien de ce trône dont elle tire son lustre primitif.

Nous avons analisé les pouvoirs, les attributions et les dénominations accordés dans chaque partie de la terre, à ces êtres supérieurs, nés évidemment pour commander à leurs semblables, et tenant ici-bas une portion de la puissance de

H

la Divinité envers laquelle ils sont comptables de tous les biens et les maux qui résultent de leur administration ; et par l'application que nous avons faite de ceux qui se sont succédés dans le gouvernement de notre île, depuis que nous avons pris les armes pour le maintien de nos droits ; et finalement depuis l'expulsion de nos ennemis et la proclamation de notre indépendance, nous avons reconnu que le titre de gouverneur général donné au pieux, au vertueux général en chef Toussaint Louverture de glorieuse mémoire, et ensuite primitivement à l'immortel fondateur de l'indépendance, ne pouvait nullement convenir à la dignité du suprême magistrat, en ce qu'il semblerait qu'une telle dénomination ne serait bonne, tout au plus, que pour un officier à la solde d'une puissance quelconque ; d'un autre côté, le magnifique titre d'Empereur donné au général en chef Dessalines, quoique digne en effet de lui être offert, pour les éminens services qu'il avait rendus à l'état, à ses concitoyens, manquait de justesse dans son application. Un empereur est sensé commander à d'autres souverains, ou du moins une qualification aussi relevée, suppose dans celui qui la possède, non-seulement les mêmes pouvoirs et la même puissance, mais encore la puissance réelle et effective du territoire, de la population, etc. etc. etc. ; et finalement le titre momentané de Président donné à son successeur le grand Henry, notre auguste chef, ne rend pas l'idée de la puissance souveraine, et ne peut être applicable qu'à une agrégation d'hommes rassemblés pour telles fonctions, ou à un corps judiciaire, etc. Que l'exemple des Etats-Unis, qui sont gouvernés par un président, ne peut pas changer notre opinion à l'égard de l'insuffisance de ce titre ; que les Américains ayant adopté le gouvernement fédératif, peuvent se trouver bien, comme peuple nouveau, de leur gouvernement actuel ; nous avons de plus considéré que, quoique nous paraissions être dans la même hypothèse que les Américains, comme peuple nouveau, nous avions les besoins, les mœurs, les vertus, et même, nous le dirons, les vices des peuples anciens. De tous les modes de gouvernement, celui qui nous a paru mériter plus justement la préférence, est celui qui tient l'intermédiaire entre ceux qui ont été mis en pratique jusqu'ici à Hayti ; nous avons reconnu, avec le grand Montesquieu*, l'excellence du gouvernement paternel monarchique sur les autres gouvernemens. L'étendue du territoire d'Hayti est plus que suffisante pour la formation d'un royaume ; bien des états en Europe, reconnus par toutes les puissances établies, n'ont seulement pas la même étendue, ni les mêmes ressources, ni les mêmes richesses, ni la même population. Quant à la même ardeur guerrière et au caractère belliqueux du peuple Haytien, nous n'en parlons point, sa gloire est connue par toute la terre ; et bien incrédules seraient ceux qui en douteraient !

L'érection d'un trône héréditaire, dans la famille du grand homme qui a gouverné cet état avec tant de gloire, nous a donc paru un devoir sacré et impérieux autant qu'une marque éclatante de la reconnaissance nationale. La pureté de ses intentions, la loyauté de son âme, nous sont de sûrs garans que le peuple Haytien n'aura

---

* Montesquieu, Esprit des Lois, chapitre XI.

rien à redouter pour sa liberté, son indépendance et sa félicité. La conséquence naturelle de l'érection du trône était la fondation d'un ordre de noblesse héréditaire, auquel seraient admissibles tous les citoyens distingués qui ont rendu d'importans services à l'état, soit dans la magistrature, soit dans la carrière des armes, soit dans celle des sciences et belles-lettres. Nous avons donc relevé l'éclat du trône par cette illustre institution, qui va exciter une généreuse émulation, un aveugle dévouement au service du prince et du royaume.

S'il fallait, pour justifier notre choix, citer des exemples, nous en trouverions de nombreux dans l'histoire. Combien de grands hommes, artisans de leur propre fortune, par le seul secours de leur génie, par la vigueur de leur énergie, ont fondé des empires, en ont reculé au loin les limites, ont donné à leur nation, avec le goût des lumières et des arts, les précieux avantages d'une société sagement organisée. Sans aller plus loin, nous citerons le modèle frappant en ce genre, que vient d'offrir à ses contemporains l'homme extraordinaire, notre implacable ennemi; celui dont toutes les pensées ont pour objet notre destruction, et qui règne aujourd'hui si souverainement en Europe; qu'était-il avant le commencement de cette fameuse révolution, au résultat de laquelle il doit sa rapide élévation? Rien qu'un frêle roseau, dont l'existence fragile et précaire était loin de prévoir un si haut degré de gloire et de puissance. Comme ceux qui l'ont porté au rang suprême, nous faisons usage de la qualité d'homme que nous tenons de la nature; après avoir reconquis nos droits, notre liberté et notre indépendance, nous voulons fonder, en ce nouveau monde, une monarchie héréditaire, et nous nous empressons de fixer enfin les destinées jusqu'ici incertaines de ce pays, en déclarant que Henry est revêtu de la puissance souveraine; que le trône est héréditaire dans sa famille, et que le bonheur des Haytiens date de l'ère de la fondation du souverain pouvoir en ces lieux.

Concitoyens, en posant les bases fondamentales du royaume que nous venons d'ériger, nous croyons avoir répondu à la haute confiance que vous aviez placée en nous. Si quelques détracteurs envieux ou pusillanimes s'élevaient contre les nouvelles institutions que nous avons adoptées, nous leur répondrions qu'il est temps de rompre à jamais jusqu'à l'apparence du fol espoir que nos ennemis peuvent encore conserver. Que si ces mêmes ennemis n'étaient point dégoûtés de la terrible expérience qu'ils ont faite; et si, dans le délire de leur rage, ils reportaient de nouveau, sur notre territoire, leurs bataillons altérés de notre sang, qu'ils trouvent à leur approche tout un peuple, qui a déjà fait l'essai de sa force, aguerri encore par l'effet de ses divisions et familiarisé avec les périls et les combats, en armes, prêt à leur disputer le pays qu'ils veulent envahir; qu'ils voyent un monarque fameux, dont le 19e siècle s'honore, si souvent couronné des lauriers de la victoire, réuni, entouré de sa noblesse fidèle, braver les périls, expirer même pour le salut de son peuple, et s'ensevelir sous les débris de son trône, plutôt que de courber sous un joug honteux. Que le peuple fortuné de la belle Hayti, si favorisée de la nature, se réunisse autour de la Loi constitutionnelle, que le seul but de son bonheur nous a inspirée ; qu'il jure de la défendre, et alors nous serons en état de braver tous les tyrans de l'univers.

Concitoyens, nous serons trop payés de nos travaux, si, dans la garantie de vos droits, vous trouvez, avec tout le bonheur dont nous avons voulu vous faire jouir, de nouvelles raisons pour aimer le gouvernement de notre commune patrie.

Fait au Cap-Henry, le 4 Avril 1811, an huitième de l'indépendance.

Signé Paul Romain, doyen; André Vernet, Toussaint Brave, Jean-Philippe Daux, Martial Besse, Jean-Pierre Richard, Jean Fleury, Jean-Baptiste Juge, Etienne Magny, secrétaire.

Immédiatement après cette adresse, lecture de l'acte constitutionnel a été donnée au peuple, qui l'a accueilli aux cris mille fois répétés de vive le roi, vive la reine, vive le prince et la famille royale !

L'on vit successivement paraître les actes du gouvernement qui organisent la nouvelle forme de l'état. La célérité de l'émission de ces actes n'a pas nui à la sagesse de leur contenu, comme il est facile de s'en convaincre. Nous nous ferons un devoir de relater les plus importans, qui ont particulièrement rapport à l'hymne de gloire que nous élevons à Henry !

ÉDIT DU ROI,

Qui crée une Noblesse héréditaire dans le Royaume d'Hayti, avec des Titres et des Apanages, pour récompense des Services rendus à l'État.

Henry, par la grâce de Dieu et la Loi constitutionnelle de l'état, roi d'Hayti, à tous présens et à venir, Salut.

Les services rendus à l'état par les généraux et les autres officiers de nos armées de terre et de mer, de même que la fidélité et le zèle qu'ont mis certains administrateurs de nos finances dans l'exercice de leurs fonctions, sollicitent de notre justice des distinctions et des récompenses qui puissent leur assurer la considération publique, transmettre à leurs déscendans les marques des services rendus par leurs pères, et exciter parmi eux de justes sujets d'émulation; nous avons résolu de créer une noblesse héréditaire dans notre royaume, sous la désignation et les titres qui suivent :

Art. 1. Les dénominations sous lesquelles ceux de nos fidèles sujets à qui nous délivrerons des lettres-patentes de noblesse, seront connus, sont celles de princes, ducs, comtes, barons et chevaliers.

2. Les princes et les ducs seront choisis parmi les lieutenans-généraux de nos armées et vice-amiraux de nos escadres; les comtes, parmi les maréchaux-de-camp et contre-amiraux; les barons, parmi les brigadiers de nos armées, colo-

nels de nos régimens et capitaines de nos vaisseaux ; et finalement, les chevaliers parmi les lieutenans-colonels de nos régimens et les capitaines de nos frégates.

Pour les fonctionnaires civils, à qui notre intention est d'accorder des lettres patentes de noblesse, nous suivrons l'assimilation de leurs grades à ceux des officiers de nos troupes de terre et de mer pour les dignités auxquelles nous les éleverons.

3. Nous ordonnerons incessamment l'expédition des lettres patentes et titres de noblesse aux titulaires que nous choisirons parmi les officiers dont il est ci-dessus fait mention, lesquelles seront signées de nous, et délivrées par notre secrétaire d'état, après avoir été scellées de nos sceaux et enregistrées aux greffes de nos conseils.

4. La principale terre parmi celles données aux officiers généraux pour leurs appointemens, sera érigée en fief, savoir : en principautés pour les princes, en duchés pour les ducs, et en comtés pour les comtes. Nous ferons incessamment connaître aux titulaires qui seront nommés, les titres qu'ils devront porter et les armoiries qui les distingueront.

5. Voulons que les lettres patentes et titres de noblesse que nous conférerons, soient héréditaires dans les familles auxquelles nous les aurons délivrées, et que les titres et dignités soient reversibles aux seuls enfans mâles et légitimes en ligne directe, selon l'ordre de la succession.

6. Les domaines dont la jouissance a été accordée aux lieutenans généraux et maréchaux-de-camp, par la Loi du 1er Mars 1807, ou ceux par nous concédés aux dignitaires depuis notre

avénement au trône, leur seront accordés à titre de propriété héréditaire, pour eux et leurs descendans légitimes jusqu'à extinction de leur race.

7. Il sera aussi concédé des propriétés semblables aux princes, ducs et comtes qui ne seront pas pourvus d'habitations au moment de leur nomination, selon le grade de l'emploi qu'ils rempliront, indépendamment de leur titre de noblesse.

8. Les lettres patentes de la fondation des fiefs et de la dotation des autres biens affectés aux grands dignitaires et à la noblesse, leur seront délivrées à mesure que nous en aurons fait la désignation.

9. Les fiefs et autres domaines généralement concédés, comme les propriétés particulières, sont sujets à l'imposition territoriale du quart.

10. Les fiefs, domaines et terre en dépendans, sur lesquels seront établis les titres des dignitaires, sont inaliénables. Les fonds ni les revenus ne peuvent en être saisis pour quelque cause que ce soit, et doivent être l'apanage des enfans mâles et légitimes, par droit d'aînesse et de succession, jusqu'à l'extinction des mâles dans la famille.

11. Voulons que les biens, autres que les fiefs mentionnés en l'article précédent, et par nous déjà accordés, ou déjà concédés à titre de propriétés aux dignitaires de notre royaume, rentrent dans la classe de leurs autres possessions, et qu'il leur soit libre de les vendre, aliéner, concéder à qui bon leur semblera, ainsi qu'ils le jugeront à propos, sans crainte d'aucune révendication de notre part ni d'aucuns de nos successeurs.

12. Nous déclarons formellement que nous

n'entendons exclure qui que ce soit de l'admission dans l'ordre de la noblesse, chaque fois que d'importans services nous seront rendus, soit dans la carrière civile ou militaire, par ceux de nos sujets qui se dévouent à notre personne et à la défense de notre royaume ; que les vertus, les talens sont les seules distinctions qui valideront à nos yeux et à ceux de nos successeurs.

Mandons et ordonnons que les présentes, revêtues de notre sceau, soient adressées à toutes les cours, tribunaux et autorités administratives, pour qu'ils les transcrivent dans leurs registres, les observent et les fassent observer dans tout le royaume ; et le ministre de la justice est chargé de leur promulgation.

Donné en notre palais du Cap-Henry, le 5 Avril 1811, l'an huit de l'indépendance, et de notre règne le 1er.

Signé HENRY.

Par le Roi,
Le Ministre Secrétaire d'Etat,

Duc de Morin.

ÉDIT DU ROI,

Portant Création des Princes, Ducs, Comtes, Barons et Chevaliers du Royaume.

Henry, par la grâce de Dieu et la Loi constitutionnelle de l'Etat, roi d'Hayti, à tous présens et à venir, Salut.

Par suite de notre Edit du 5 Avril, qui crée une noblesse héréditaire, nous avons déféré les titres et dignités suivans, aux officiers ci-après :

PRINCES.

Le prince Noël, colonel des gardes Haytiennes, grand échanson.

Le prince Jean, grand panetier.

Le lieutenant général André Vernet, prince des Gonaïves, grand maréchal d'Hayti, ministre des finances et de l'intérieur.

Le lieutenant général Paul Romain, prince du Limbé, grand maréchal d'Hayti, ministre de la guerre et de la marine.

DUCS.

Le préfet apostolique Corneille Brelle, archevêque d'Hayti, duc de l'Anse, grand aumônier du roi.

Le lieutenant général Rouanez, duc de Morin, grand maréchal d'Hayti, ministre d'état et des affaires étrangères.

Le lieutenant général Toussaint Brave, duc de la Grande-Rivière, grand maréchal d'Hayti, grand veneur, inspecteur général aux revues des armées du roi.

Le lieutenant général Noël Joachim, duc de Fort-Royal, grand maréchal d'Hayti et grand maréchal du palais, commandant la première division du Nord.

Le lieutenant général Etienne Magny, duc de Plaisance, grand maréchal d'Hayti, grand chambellan du roi, commandant la deuxième division du Nord.

Le lieutenant général Jean-Philippe Daux,

duc de l'Artibonite, grand maréchal d'Hayti, commandant la province de l'Ouest.

Le général Bernardine Sprew, duc du Port-Margot, grand amiral d'Hayti, gouverneur du prince royal.

COMTES.

Le conseiller d'état Juge, comte de Terre-Neuve, ministre de la justice.

Le maréchal de camp Martial Besse, comte de Sainte-Suzanne, commandant le premier arrondissement de la première division du Nord.

Le maréchal de camp Pierre Toussaint, comte de la Marmelade.

Le maréchal de camp Jean-Pierre Richard, comte de la Bande du Nord, gouverneur de la capitale.

Le général Jean-Baptiste Perrier, dit Goman, comte de Jérémie, commandant la province du Sud.

Le maréchal de camp Louis Achille, comte de Laxavon, commandant le deuxième arrondissement de la première division du Nord.

Le maréchal de camp Joseph Raphaël, comte d'Ennery, commandant le deuxième arrondissement de la province de l'Ouest.

Le maréchal de camp Charles Charlot, comte de l'Acul, commandant le premier arrondissement de la deuxième division du Nord.

Le maréchal de camp Pierre Cottereau, comte de Cahos, gouverneur de Dessalines.

Le maréchal de camp Maximin Jassemain, comte du Dondon, gouverneur de la citadelle Henry.

Le maréchal de camp Julien Prevost, comte de Limonade, secrétaire du roi.

Le maréchal de camp Toussaint Dupont, comte du Trou, inspecteur général des cultures du royaume.

Le maréchal de camp Charles Pierre, comte du Terrier-Rouge, gouverneur des pages du roi, aide-de-camp de sa majesté.

Le maréchal de camp Guerrier, comte du Mirebalais, aide-de-camp de sa majesté, commandant le premier arrondissement de la province de l'Ouest.

Le maréchal de camp Simon, comte de Saint-Louis, aide-de-camp de sa majesté et maître des cérémonies.

Le maréchal de camp Placide Lebrun, comte du Gros-Morne, aide-de-camp de sa majesté, commandant le deuxième arrondissement de la deuxième division du Nord.

Le contre-amiral Bastien Jean-Baptiste, comte de Léogane.

Le contre-amiral Pierre Saint-Jean, comte de la presqu'Isle.

M. Bernard Juste Hugonin, comte de Richeplaine, gouverneur du château des Délices de la Reine, procureur général de sa majesté.

M. Juste Chanlatte, comte de Rosier, chevalier d'honneur de la reine, intendant général de la maison du roi.

Le lieutenant colonel Yacinthe, comte du Borgne, gouverneur des pages de la reine.

Le lieutenant colonel Toussaint, comte d'Ouanaminthe, premier écuyer du roi.

Ont été nommés BARONS, *MM. les Officiers ci-après; savoir:*

Papalier, employé près le ministre de la guerre.

Raymond, employé près le duc de Fort-Royal.

Dessalines, adjudant d'armes de la place du Cap-Henry.

Sicard, grand maître des cérémonies.

Dossou, commandant le 14e régiment d'infanterie.

Ferrier, aide-de-camp de sa majesté.

Caze jeune.

Louis Pierrault, commandant le 1er régiment d'infanterie.

Chefs de Division de la Marine.

Bastien Fabien et Cadet Antoine.

COLONELS.

Pierre Poux, Célestin Cap, Jean-Charles Charlot, Théodore, Galbois, Bottex, Léo, aides-de-camp de sa majesté.

Monpoint, grand écuyer du roi.

Joseph Jérôme, commandant le 20e régiment d'infanterie.

Barthélemy Choisy, commandant le 8e régiment d'infanterie.

Bazile Saillant, employé dans le Sud avec le comte de Jérémie.

Faraud, directeur du génie.

Ambroise, directeur d'artillerie.

Deville, commandant le 2e régiment d'artillerie.

Pescay, commandant le 2e régiment d'infanterie.

———

Lagroue, secrétaire et notaire du roi.

Dupuy, secrétaire interprète du roi.

Le juge de paix Isaac, sénéchal du Cap-Henry.

Béliard, directeur et intendant des jardins et des eaux et forêts des palais du roi.

Stanislas Latortue, intendant des finances de la province du Nord.

Joseph Latortue, intendant des finances de la province de l'Ouest.

Charrier, directeur des domaines de la province du Nord, secrétaire des commandemens de la reine.

L'Eveillé, lieutenant colonel du 1er escadron de la garde à cheval du roi, premier écuyer de la reine.

Jean-Baptiste Petit, trésorier central.

Sévelinge, bibliothécaire du roi.

Dominique Bazin, précepteur du prince royal.

CHEVALIERS.

Lacroix, colonel du génie.

Blaise, Cincinnatus Leconte, Célestin Pétigny, Bocher, Jean-Baptiste Dezorme, lieutenans colonels et aides-de-camp de sa majesté.

Prezeau, secrétaire du roi.

Giles Créon, lieutenant colonel du 3e escadron de la garde à cheval du roi.

Jean-Baptiste Lagarde, employé dans le Sud avec le comte de Jérémie.

Léveillé, idem.

Félix, idem.

Dupin, sous-précepteur du prince royal.

Baubert, juge au tribunal civil.

Boyer, garde-magasin central.

Mandons et ordonnons que les présentes, revêtues de notre sceau, soient adressées à toutes les cours, tribunaux et autorités administratives, pour qu'ils les transcrivent dans leurs registres, les observent et les fassent observer dans tout le royaume ; et le ministre de la justice est chargé de la promulgation.

Donné en notre palais du Cap-Henry, le 8 Avril 1811, l'an huit de l'indépendance.

Signé HENRY.

Par le Roi,
Le Ministre Secrétaire d'Etat,

Duc de Morin.

On donne aux princes et princesses de la famille royale le titre d'*Altesse Royale*.

L'héritier présomptif de la couronne est appelé *Prince Royal*.

La fille aînée du roi est appelée *Madame première* ; la cadette s'appelle *Madame*.

On donne aux princes du royaume et aux titulaires des grandes dignités, le titre d'*Altesse Sérénissime*.

On donne aussi aux princes et titulaires des grandes dignités du royaume, le titre de *Monseigneur*.

On appelle les grands maréchaux d'Hayti, *Monsieur le Maréchal* ; on leur donne aussi, quand on leur adresse la parole ou quand on leur écrit, le titre de *Monseigneur*. Les ducs et grands maréchaux d'Hayti ont le titre de *Grâce*.

Les ministres conservent le titre d'*Excellence*.

Les fonctionnaires de leur département et les personnes qui leur écrivent leur donnent le titre de *Monseigneur*.

Les comtes, barons et chevaliers du royaume, sont appelés *Monsieur le Comte, Monsieur le Baron*, etc.

On donne aux comtes le titre d'*Excellence*.

ÉDIT DU ROI,

Qui érige un Siége Archiépiscopal dans la Capitale d'Hayti, et des Siéges Episcopaux dans diverses Villes du Royaume.

HENRY, par la grâce de Dieu et la Loi constitutionnelle de l'Etat, roi d'Hayti, à tous présens et à venir, Salut.

Voulant faire jouir les fidèles Haytiens de tous les avantages de la religion catholique, apostolique et romaine, et donner à l'église de notre royaume une splendeur capable de lui attirer la vénération et le respect, et conserver le culte dans toute sa pureté; voulant aussi procurer à nos fidèles sujets une perpétuelle administration des sacremens de la sainte église, nous avons résolu d'ériger un siége archiépiscopal dans la capitale, et des siéges épiscopaux dans les principales villes du royaume, et d'y établir des prélats capables de maintenir la discipline ecclésiastique et de travailler à la propagation de la foi.

A CES CAUSES, nous avons créé et érigé par ces présentes, créons et érigeons le siége archié-

K

piscopal et les siéges épiscopaux qui sont ci-après désignés :

Art. 1. Il sera érigé un évêché dans chacune des trois villes secondaires du royaume ; savoir : les Gonaïves, le Port-au-Prince et les Cayes. Chaque évêché aura un chapitre, un séminaire, et aussitôt leur établissement, nous assignerons un revenu fixe à chacun desdits évêchés.

2. Le siége épiscopal de notre bonne ville du Cap-Henry, est érigé en archevêché, dont les autres siéges épiscopaux du royaume relèvent et seront suffragans.

3. Nous assignerons incessamment des palais et des revenus à l'archevêché du Cap-Henry, et les domaines sur lesquels lesdits revenus seront assis.

4. Voulons que l'archevêque du Cap-Henry prenne le titre d'*Archevêque d'Hayti et de Grand Aumônier du Roi*.

5. Aussitôt sa nomination, sa majesté sollicitera, du souverain pontife, les bulles nécessaires pour l'exercice de ses hautes fonctions, et des autres prélats qui seront appelés à remplir les fonctions d'évêques dans les siéges érigés par l'article premier des présentes.

6. Faisons défense à tout prêtre étranger d'exercer aucune fonction ecclésiastique, ni même de célébrer la messe dans aucune paroisse du royaume, avant de s'être présenté à l'archevêque, et d'en avoir obtenu une permission par écrit.

7. En cas que lesdits prêtres soient jugés par l'archevêque en état d'être employés dans le royaume, il nous en fera la présentation, afin d'obtenir notre bon plaisir, avant de les mettre en fonctions.

Mandons et ordonnons que les présentes, revêtues de notre sceau, soient adressées à toutes les cours, tribunaux et autorités administratives, pour qu'ils les transcrivent dans leurs registres, les observent et les fassent observer dans tout le royaume ; et le ministre de la justice est chargé de la promulgation du présent.

Donné en notre palais du Cap-Henry, le 7 Avril 1811, l'an huit de l'indépendance, et de notre règne le 1er.

Signé HENRY.

Par le Roi,

Le Ministre Secrétaire d'Etat,

Duc de Morin.

ORDONNANCE DU ROI,

Qui détermine le Grand Costume de la Noblesse.

Veut sa majesté que le grand costume de la noblesse soit ainsi qu'il suit :

Pour les Princes et Ducs.

Tunique blanche, qui descendra au-dessous du genou, manteau noir, dont la longueur descendra au bas du gras de jambe, brodé en or, de la largeur de trois pouces, doublé en taffetas rouge, attaché au cou avec un gland d'or, bas de soie blancs, boucles d'or carrées, souliers de maroquin rouge, couvrant totalement le coude-pied, épée à poignée d'or au côté, chapeau rond, retapé devant, galonné d'or, avec cinq plumes rouges et noires, flottantes.

Pour les Comtes.

Tunique blanche, manteau bleu de ciel, brodé aussi en or, de la largeur de deux pouces, doublé en blanc, même longueur que ceux des princes et ducs, bas de soie blancs, boucles d'or carrées, souliers de maroquin rouge, couvrant totalement le coude-pied, épée à poignée d'or au côté, chapeau rond, retapé devant, galonné d'or, avec trois plumes rouges flottantes.

Pour les Barons.

Habit rouge, long, ample, brodé ou galonné en or, de la largeur de dix-huit lignes, dont les pans se joignent presqu'au dessous du genou, doublé de taffetas blanc, veste et culotte de taffetas bleu, bas blancs, boucles d'or carrées, souliers de maroquin vert, couvrant totalement le coude-pied, épée à poignée d'or au côté, baudrier vert, brodé, chapeau rond, retapé devant, galonné d'or, deux plumes blanches flottantes.

Pour les Chevaliers.

Habit bleu, long, ample, brodé ou galonné en or, de la largeur de douze lignes, dont les pans se joignent presqu'au dessous du genou, doublé de taffetas blanc, veste et culotte de taffetas rouge, bas blancs, boucles d'or carrées, souliers de maroquin vert, couvrant totalement le coude-pied, épée à poignée d'or au côté, baudrier vert, brodé, chapeau rond, retapé devant, galonné d'or, deux plumes vertes flottantes.

Lorsqu'il ne s'agira pas de grandes cérémopies, chacun des princes, des grands dignitaires et des autres nobles du royaume, portera le costume ordinaire affecté à son rang, à son grade ou à son emploi.

Fait au Cap-Henry, le 12 Avril 1811, l'an huitième de l'indépendance.

Signé HENRY.

Par le Roi,
Le Ministre Secrétaire d'Etat,

Duc de Morin.

ÉDIT DU ROI,

Portant Création de l'Ordre royal et militaire de Saint HENRY.

Henry, par la grâce de Dieu et la Loi constitutionnelle de l'Etat, roi d'Hayti, à tous présens et à venir, Salut.

Les officiers de nos troupes de terre et de mer se sont signalés par tant d'actions considérables de valeur, de courage, dans les victoires dont il plu à la divine Providence de bénir nos armes et la justice de la cause sacrée pour laquelle nous avons combattu ; que les récompenses ordinaires ne suffisant pas à notre affection et à la reconnaissance que nous avons de leurs services, nous avons cru devoir chercher de nouveaux moyens de récompenser leur zèle et leur fidélité ; dans cette vue, nous nous sommes proposé d'établir un ordre purement militaire, auquel, outre les marques d'honneur extérieures qui y seront attachées, nous assurerons, en faveur de ceux qui y seront admis, des pensions, par une dotation que nous accorderons à cet ordre.

A CES CAUSES, nous avons créé, institué et érigé, créons, instituons et érigeons par ces présentes, un ordre militaire, sous le nom de Saint HENRY, et sous les formes, statuts, ordonnances et réglémens qui suivent:

Art. 1. Nous nous déclarons chef souverain, grand maître et fondateur dudit ordre. Notre volonté est que ladite grande maîtrise soit unie et incorporée, comme de fait nous l'unissons et l'incorporons par ces présentes à notre couronne, sans qu'elle en puisse jamais être séparée par nous, ni par les rois nos successeurs, pour quelque cause et occasion que ce puisse être.

2. L'ordre de Saint Henry sera composé de nous et de nos successeurs, en qualité de grands maîtres, de notre cher et bien-aimé fils le prince royal, et sous les rois nos successeurs, du prince royal, de seize grands-croix, de trente-deux commandeurs, et du nombre de chevaliers que nous jugerons à propos d'y admettre.

3. Voulons que tous ceux qui composeront ledit ordre de Saint Henry, portent une croix d'or, émaillée d'azur, à six rayons doubles, sur laquelle il y aura d'un côté l'image de Saint Henry, avec ces mots autour : *Henry fondateur*, 1811, et de l'autre une couronne de laurier avec une étoile, et la devise, *Prix de la valeur*; mais avec la différence, que les grands croix la porteront attachée à un ruban large, moiré, couleur noire, qu'ils

mettront en écharpe, et auront encore une croix, en broderie d'or sur l'habit, au côté gauche ; les commandeurs porteront la croix sur un ruban moiré, rouge, en écharpe ; mais sans que la croix puisse être brodée sur l'habit ; et quant aux simples chevaliers, ils porteront la croix attachée à la boutonnière de l'habit avec un petit ruban moiré, de dix-huit lignes de largeur, aux couleurs d'Hayti.

4. Notre intention étant d'honorer, autant qu'il est en notre pouvoir, ledit ordre, nous déclarons que nous, notre cher et bien-aimé fils, le prince royal, les rois nos successeurs, les princes héritiers présomptifs de la couronne, porteront la croix dudit ordre de Saint Henry.

5. Nous déclarons ledit ordre compatible dans une même personne avec les autres ordres que nous, ou nos successeurs pourrons fonder.

6. Les grands croix ne pourront être tirés que du nombre des commandeurs ; les commandeurs que du nombre des chevaliers ; le tout par choix, et ainsi que nous ou nos successeurs le jugeront à propos, sans être obligé d'observer aucun ordre d'ancienneté.

7. Dans les cérémonies et assemblées de l'ordre de Saint Henry, les officiers ci-dessus nommés tiendront leur rang après nous, nos successeurs, les princes royaux présomptifs héritiers de la couronne, et les princes de notre sang ; les grands croix précéderont les commandeurs ; et les commandeurs, les simples chevaliers ; ils garderont chacun dans leurs rangs, l'ordre dans lequel nous les aurons nommés.

8. Nul ne pourra être nommé chevalier de Saint Henry, s'il ne fait profession de la religion

catholique, apostolique et romaine, et s'il n'a servi dans nos armées de terre et de mer, au moins pendant huit ans, en qualité d'officier.

Nous dérogeons cependant à cette disposition en faveur de ceux des officiers qui auront rendu d'éminens services au royaume.

9. Les lettres ou provisions des chevaliers de Saint Henry, ou celles de commandeurs ou de grands croix, seront signées par nous et par notre ministre ayant le département de la guerre et de la marine, et scellées du sceau de l'ordre, qui demeurera entre les mains de notre secrétaire d'état. Les attestations, copie de brevets, commissions et autres pièces justificatives des qualités requises pour entrer dans ledit ordre, seront attachées aux provisions des chevaliers.

10. Le chevalier pourvu se présentera devant nous pour prêter le serment; il se mettra à genoux, jurera et promettra de nous être fidèle, et de ne se départir jamais de l'obéissance qui nous est due, et à ceux qui commandent sous nos ordres, de garder, défendre et soutenir de tout son pouvoir notre honneur, notre autorité, nos droits et ceux de notre couronne, envers et contre tous ; de ne jamais quitter notre service, ni aller à celui d'aucune puissance étrangère sans notre permission et agrément par écrit ; de nous révéler tout ce qui viendra à sa connaissance, contre notre personne et notre royaume ; de garder exactement les statuts et réglemens dudit ordre, et de s'y comporter en tout, comme un bon, sage, vertueux et vaillant chevalier doit le faire; le tout selon la formule dont il sera fait lecture par le ministre qui aura expédié leurs provisions.

11. Après que le chevalier pourvu aura prêté

serment en cette forme, nous lui donnerons l'accolade et la croix, duquel serment et accolade, il sera expédié et signé par le même ministre un acte sur le repli des provisions.

12. Il y aura trois officiers dudit ordre de Saint Henry, savoir ; un trésorier, un greffier et un huissier, qui seront aussi par nous choisis, et pourvus aux honneurs, gages et fonctions ci-après spécifiés, et dont les provisions seront expédiées par notre secrétaire d'état.

13. Les trois officiers ci-dessus mentionnés doivent être choisis parmi les chevaliers de Saint Henry.

14. Tous les grands croix, commandeurs et chevaliers de Saint Henry, qui ne seront point retenus par maladie, absence pour notre service ou autre légitime empêchement, seront tenus de se rendre, tous les ans, le jour et fête de Saint Henry, auprès de notre personne royale, de nous accompagner à la messe qui sera célébrée le même jour dans la chapelle du palais où nous serons, et d'entendre dévotement la messe, pour demander à Dieu qu'il lui plaise de répandre ses saintes bénédictions sur nous, sur notre maison royale et sur notre royaume.

15. L'après-dîné du même jour et fête de Saint Henry, il sera tenu une assemblée de l'ordre dans un des appartemens du palais où nous serons, que nous ferons préparer à cet effet, et seront tenus les grands croix, commandeurs et chevaliers qui auront assisté le matin à la messe, de se trouver à l'assemblée.

16. Nous assisterons en personne, autant que nos autres occupations le permettront, à l'assemblée du jour et fête de Saint Henry, et autres

assemblées que nous jugerons à propos de convoquer extraordinairement. Voulons que lorsque nous n'y serons pas présens, notre cher et bien-aimé fils, le prince royal, en son absence les princes de notre sang, que nous aurons fait chevaliers dudit ordre de Saint Henry, ou ceux de nos ministres qui se trouveront dans le lieu de l'assemblée, y président, selon leur rang, et, à leur défaut, les plus anciens grands croix, commandeurs, ou chevaliers de ceux qui s'y trouveraient.

17. Le greffier de l'ordre aura deux registres, dans l'un desquels il enregistrera les lettres et provisions qui auront été par nous accordées aux grands croix, commandeurs et chevaliers, et l'autre dans lequel il écrira tout ce qui se fera dans les assemblées et délibérations qui y seront prises ; lesquels registres, après qu'ils auront été remplis, seront déposés dans les archives de l'ordre.

18. Les registres des délibérations seront cotés et paraphés à chaque page, et signés à la fin de chaque séance par celui qui y aura présidé, et par les grands croix, commandeurs et chevaliers nommés pour la conduite des affaires de l'ordre, qui y auront assisté.

19. Nous avons doté et dotons ledit ordre de Saint Henry, de trois cents mille livres de rente par année, en biens ou revenus que nous destinerons à cet effet. Nous ferons remettre tous les ans, sur le fonds qui sera par nous destiné, pareille somme de 300,000 livres entre les mains du trésorier de l'ordre, pour être par lui payée suivant l'état qui sera par nous arrêté au commencement de chaque année, lequel sera signé par le ministre ayant le département de la guerre

et de la marine, et notre secrétaire d'état, savoir: 56,000 livres aux seize grands croix, à raison de 3,500 livres chacun ; 80,000 livres à trente-deux commandeurs, à raison de 2,500 livres chaque, et 150,000 livres à deux cents cinquante chevaliers, à raison de 600 livres chacun ; 2,500 livres au trésorier, 2000 livres au greffier, et 1,500 livres à l'huissier, pour leurs appointemens, frais de comptes, registres, etc. le tout par année, de six mois en six mois; et les 8000 livres restantes pour la fabrication des croix et autres dépenses, qui ne pourront être faites que par nos ordres.

20. Les archives dudit ordre de Saint Henry seront tenues dans une chambre du château de Sans-Souci, dans une ou plusieurs armoires, fermant à deux clefs, dont notre secrétaire d'état en gardera une, et l'autre restera entre les mains du greffier.

21. Permettons à tous ceux qui seront admis audit ordre de Saint Henry, de faire peindre ou graver dans leurs armoiries les ornemens ci-après désignés, savoir; les grands croix, l'écusson accolé sur une croix d'or émaillée d'azur, à six rayons doubles, et un ruban large, moiré, de couleur noire, autour dudit écusson, avec ces mots, *Prix de la valeur*, écrits sur ledit ruban, auquel sera attaché la croix dudit ordre ; les commandeurs de même, mais avec la différence que le ruban sera moiré, rouge, et à la réserve de la croix sous l'écusson ; et quant aux simples chevaliers, nous leur permettons de faire peindre ou graver au bas de leur écusson une croix dudit ordre, attachée à un petit ruban noué, moiré, aux couleurs d'Hayti, desquels ornemens ci-dessus

designés, les modèles sont déposés dans les bureaux de notre ministre secrétaire d'état.

Mandons et ordonnons que les présentes, revêtues de notre sceau, soient adressées à toutes les cours, tribunaux et autorités administratives, pour qu'ils les transcrivent dans leurs registres, les observent et les fassent observer dans tout le royaume ; et le ministre de la justice est chargé de la promulgation.

Donné en notre palais du Cap-Henry, le 20 Avril 1814, l'an huit de l'indépendance.

Signé HENRY.

Par le Roi,
Le Ministre Secrétaire d'Etat,

Duc de Morin.

ROYAUME D'HAYTI.

Le prince du Limbé, grand maréchal d'Hayti, grand croix de l'ordre royal et militaire de Saint Henry, ministre de la guerre et de la marine.

Le roi, notre très-grâcieux et bien-aimé souverain, a nommé aux places de grands croix, de commandeurs et de chevaliers de l'ordre royal et militaire de Saint Henry, les officiers ci après :

GRANDS CROIX.

Messieurs les Princes.

Noël, Jean, des Gonaïves, du Limbé.

Messieurs les Ducs.

De Morin, de la Grande-Rivière, de Fort-Royal, de Plaisance, de l'Artibonite, du Port-Margot.

COMMANDEURS.

Messieurs les Comtes.

De Sainte-Suzanne, de la Marmelade, de la Bande du Nord, de Jérémie, de Laxavon, d'Ennery, de l'Acul, de Cahos, du Dondon, de Limonade, du Trou, du Terrier-Rouge, du Mirebalais, de Saint Louis, du Gros-Morne, de Léogane, de la presqu'Isle, de Richeplaine, de Rozier, du Borgne, d'Ouanaminthe.

CHEVALIERS.

Messieurs les Brigadiers des Armées, Barons.

Thabares, Almanjor fils, Henry Proix, Chevalier, Papalier, Raimond, Dessalines, Sicard, Dossou, Ferrier, Caze jeune, Louis Pierrault, Cadet Antoine, Bastien Fabien.

Messieurs les Colonels, Barons.

Pierre Poux, Célestin Cap, Jean-Charles Charlot, Galbois, Bottex, Léo, Monpoint, Joseph Jérôme, Barthélemy Choisy, Bazile Saillant, Faraud, Ambroise, Deville, Pescay, Léveillé, Lagroue, Dupuy, P. A. Charrier.

Messieurs les Colonels.

Lacroix, Luc Lucas, Alexandre Paul, Giles Jolicœur, Pierre Mondésir, Marc Servan, Pierre Théophile, Benjamin Noël, Pierre Fidèle, Honoré

Samson, Jacques Poux, Francisque, Apollon, Eloi, Laurent Désir, Jean-Baptiste Noël, Antoine Duvivier.

Messieurs les Lieutenans-Colonels.

Blaise, Cincinnatus Leconte, Dezorme, Prézeau, Boyer, Célestin Pétigny, Gilles Créon, Bocher, André Lejeune, Pierre Jumeau, Jean-François David, Fidèle François, Prophète, Sainte Fleur, Pierre Marc, Nord Alexis, Joseph Belair, Pierre Sans-Souci, César Mineur, Pierre Hardy, Antoine Paul, Diacoué, Jean Laurent, Maximilien Ablein, Libéral Thomas, Saint-Louis Alexandre, J. Guiambois, Prophile, P. Charles, Honoré André, Jean-Louis Clavery, Noël Pierrette Gourgue, Joseph Titon, Jean Caprice, Pierre Pirame, Jean Joseph, Jean Cézaire, Lubin Domage, Julien Pierre, François Grandmaison, Lubin François, Pierre Louis Michaux, Jean-Baptiste, Paul Brossard, Damis Alexandre, Joseph-Paul Benoît, Azor Elizée, Joseph Vincent, Alexandre Dubourg, Etienne Colas, Pierre Désobli, Paul fils, Jean-Gilles Gonave, André Paul, René Semblé, Paul Jérôme, Janvier Folin, Georges Barguette, Ayau Gramond, Jean-Louis, Florent, Pierre-Louis, Maurisseau, Zacharie Tonnerre, Jeanitte Jacques, Toussaint Gabriel, Jean-Pierre Jean-Baptiste, Anne-Jean-Baptiste Malvoisin, Bernard Pierre, Silvain Pierre, Jean Prosper, Georges Pavie, Pierre Antoine, Jacques François, Pierre Philippe, Jacques-Antoine Marc, Noël Louis, Bernardin Giles, Jean-Baptiste Lagarde, Léveillé, Félix.

Messieurs de la Marine royale.

Les capitaines de vaisseau Charlemagne, Joseph Villarceaux; les capitaines de frégate Pierre Garçon, Roussel cadet, Pierre Labarrière; Michel Desbrosses, Jean Raimond, Pierre Burry, Moreau cadet, Hilaire Lebrun, Pierre-Louis Gardon, Tinty, Bonhomme Bayne, Jean-François Champain, Gaspard Jolly; Bacqué, commissaire de marine; Manuel, lieutenant-colonel des troupes maritimes.

Messieurs les Commandans militaires des Places et des Paroisses de la Province du Nord.

Atis Richer, Jean-Charles Henry, Jean-Louis Grandmaison, Dagobert, Louis Poux, Etienne Bazile, Dominique, Lacombe, Apollon, Pierre-François, Frégis, Guilmotte, Pérard, Corasmin.

Province de l'Ouest.

Messieurs Chibasse, Louis Ladouceur, Louis Abeilles, Louis Paul, Narcisse, Hoban, Frontis, Jean-Louis Louis.

Fait au Cap-Henry, le 1er Mai 1811, an huitième de l'indépendance.

Le Ministre de la Guerre et de la Marine,

PRINCE DU LIMBÉ.

Par Son Altesse Sérénissime,

Le brigadier des armées, Baron de PAPALIER.

ÉDIT DU ROI,

Sur l Etablissement de la Maison Militaire de Sa Majesté.

Henry, par la grâce de Dieu et la Loi constitutionnelle de l'Etat, roi d'Hayti, à tous présens et à venir, Salut.

Notre maison militaire sera formée de cinq corps d'infanterie et de cavalerie, connus sous le nom de gardes du corps, chevau-légers du roi, chevau-légers de la reine, chevau-légers du prince royal et gardes Haytiennes.

TITRE PREMIER.

DES GARDES DU CORPS.

Article Premier.

Les gardes du corps seront composés de deux cent cinquante hommes, formant deux compagnies, de cent vingt-cinq hommes chaque, non compris les officiers.

2. L'état major des gardes du corps sera ainsi composé :

Le roi, capitaine.

Un grand maréchal d'Hayti, lieutenant.

Un maréchal de camp, major commandant.

3. Chaque compagnie sera en outre commandée par un colonel, sous-lieutenant en premier.

Un lieutenant-colonel, sous-lieutenant en deuxième.

Un aide-major en premier.

Un lieutenant aide-major en deuxième.
Deux sous-lieutenans, enseignes.

Composition de la première Compagnie.

  1 sergent major.
  4 sergens.
  1 caporal fourrier.
  8 caporaux.
  1 tambour major.
  1 fifre major.
  4 tambours.
  4 fifres.
  3 sapeurs.
  98 gardes.
  ―――
 125 hommes.

La deuxième compagnie de même, à l'exception qu'au lieu du tambour major et du fifre major, ce sera un tambour maître et un fifre maître.

4. Il y aura un commissaire.

Un quartier-maître-trésorier, un instructeur, un chirurgien major et un aide chirurgien pour les deux compagnies.

5. Le grand uniforme des gardes du corps sera habit blanc, long, revers, paremens, collet et passe-poils cramoisi, doublure rose, boutons dorés, les pattes en travers, galonnés sur toutes les coutures, le pantalon et gilet blanc, brodequins en cuir noir, sakos galonnés, ainsi que l'habit, aiguillettes en or.

6. Le petit uniforme, habit veste vert, revers et paremens blancs, passe-poils blancs au corps, et passe-poils rouge aux revers, collet et paremens, doublure rose, le collet couleur de l'habit,

les pattes en travers, les boutons dorés, aiguillettes d'or.

7. L'armement de chaque garde consistera en un fusil, giberne, épée en baudrier, le baudrier de l'épée et de la giberne seront de buffle blanchi.

8. Il y aura par chaque compagnie deux enseignes : celles de la première seront en taffetas noir, avec les armes de sa majesté peintes au milieu, et la devise royale, *Dieu, ma cause et mon épée;* et au-dessus cette inscription, *.Gardes du corps, première compagnie;* les enseignes de la seconde compagnie seront en taffetas rouge; elles auront un phénix couronné, avec ces mots, *Je renais de mes cendres;* et au-dessus l'inscription, *Gardes du corps, deuxième compagnie.*

9. Le major commandant et les sous-lieutenans des deux compagnies prendront directement les ordres du roi, et les transmettront selon le besoin du service; ils se présenteront, à cet effet, deux fois par jour, le matin et le soir, au rapport devant sa majesté, s'ils n'y sont appelés plus souvent.

10. Le service des gardes du corps sera ultérieurement déterminé par un règlement qui sera incessamment connu.

TITRE II.

DES CHEVAU-LÉGERS.

11. Les chevau-légers formeront trois corps indépendans l'un de l'autre, qui sont :

Les chevau-légers du roi.

Les chevau-légers de la reine.

Les chevau-légers du prince royal.

12. Leur force sera de deux cents hommes

par corps, non compris les officiers. Les corps seront de deux compagnies, de cent hommes par compagnie.

13. Chaque corps de chevau-légers aura
Le roi, pour capitaine.
Un grand maréchal d'Hayti, lieutenant.
Un maréchal de camp, major commandant.

14. Les deux compagnies des corps de chevau-légers seront commandées par un colonel, qui prendra le titre de sous-lieutenant en premier.

Et chaque compagnie sera en outre commandée par un sous-lieutenant en deuxième, un aide-major en premier, un aide-major en deuxième, deux cornettes.

Composition des premières Compagnies.

1 maréchal des logis chef.
3 maréchaux des logis.
1 brigadier fourrier.
8 brigadiers.
1 trompette major.
4 trompettes ordinaires.
82 chevau-légers.

Force 100, sous-officiers et chevau-légers.

Les secondes compagnies de même, à l'exception qu'au lieu du trompette major, ce sera un trompette maître.

15. Il y aura par corps de chevau-légers,
Un commissaire, un quartier-maître-trésorier, un instructeur, un chirurgien major et un aide chirurgien.

16. Le grand uniforme des chevau-légers du roi, sera habit long, bleu céleste, collet cramoisi, passe-poils et doublure rose, revers et paremens

blanc, boutons dorés, aiguillettes d'or, pantalon bleu céleste, galonné en or, sakos galonné en or, plumet bleu céleste, bottes à la houssard.

17. Le petit uniforme sera habit veste, de drap bleu, revers, paremens et collet bleu céleste, passe-poils et doublure rouge, boutons argentés, aiguillettes d'argent, pantalon bleu, galonné en argent, bottes de cavalerie.

18. Le grand uniforme des chevau-légers de la reine, sera habit long, cramoisi, collet, revers, paremens et doublure bleu céleste, passe-poils jaune, boutons dorés, aiguillettes d'or, pantalons cramoisi, galonné en or, sakos galonné en or, plumet rouge, bottes à la houssard.

19. Le petit uniforme, habit veste bleu, collet, revers et paremens cramoisi, passe poils et doublure rouge, boutons argentés, aiguillettes d'argent, pantalon bleu, galonné en argent, sakos galonné en argent, bottes de cavalerie.

20 Finalement, le grand uniforme des chevau-légers du prince royal, sera habit long, vert, collet, revers et paremens rose, passe-poils et doublure jaune, boutons dorés, aiguillettes d'or, pantalon vert, galonné en or, sakos galonné en or, plumet vert, bottes à la houssard.

21. Le petit uniforme, habit veste bleu, collet, revers et paremens vert, passe-poils et doublure rouge, boutons argentés, aiguillettes d'argent, pantalon bleu, galonné en argent, sakos galonné en argent, bottes de cavalerie.

22. L'armement des chevau-légers consistera en un mousqueton et deux pistolets, un sabre, dont le fourreau sera en fer, giberne de cavalerie, la banderole de la giberne et baudrier du sabre en buffle blanchi.

23. Il y aura quatre étendarts par chaque corps de chevau-légers, deux par compagnie; ceux des chevau-légers du roi seront en taffetas bleu céleste, sur lesquels il y aura d'un côté les armes royales et la devise du roi, *Dieu, ma cause, et mon épée*, au-dessus de ces armes sera cette inscription, *Chevau-légers du Roi*, et le numéro de la compagnie à qui appartiendront les étendarts, et de l'autre un soleil dans tout son éclat, à côté le chiffre du roi, avec ces mots, *Il luit pour tous*.

24. Les étendarts des chevau-légers de la reine seront en taffetas cramoisi, d'un côté les armes de la reine, avec cette devise tout autour d'un olivier fleuri, *Qu'à son instar les arts et les champs fleurissent!* au-dessus de ces armes cette inscription, *Chevau-légers de la Reine*, et le numéro de la compagnie à qui appartiendront les étendarts; et de l'autre le chiffre de la reine, une *M* et une *L* entrelacés, entourés de roses et de lauriers, surmonté d'une couronne royale, au bas du chiffre un cœur enflammé, avec ces mots, *Pour le roi et la patrie!*

25. Les étendarts des chevau-légers du prince royal seront en taffetas vert, d'un côté les armes du prince royal, surmontées d'une couronne, où sont placés des dauphins, avec la devise du prince, *Les jeux de l'enfance annoncent les grands hommes!* au-dessus de ces armes sera cette inscription, *Chevau-légers du prince royal*, et le numéro de la compagnie à qui appartiendront les étendarts; de l'autre, le génie de la patrie embouchant la trompette, à ses pieds le motto suivant: *Je l'inspirerai et il prospérera*.

26. Les chevau-légers feront le service à pied et à cheval, le major commandant et le sous-

lieutenant en premier de chaque corps prendront directement les ordres du roi pour le service ; ils devront, comme les commandans des gardes du corps, se présenter deux fois par jour, le matin et le soir, au rapport, devant sa majesté.

TITRE III.

DES GARDES HAYTIENNES.

27. Les gardes Haytiennes formeront un corps de douze cents hommes, non compris les officiers, divisés en cinq brigades, de 240 hommes.

28. Les brigades seront désignées sous les numéros de 1ere, 2e, 3e, 4e, et 5e brigades.

29. Les gardes Haytiennes seront commandées par

Un colonel général, commandant.

Un maréchal de camp, commandant en second.

Un brigadier des armées, colonel major.

30. Chaque brigade sera composée comme suit :

Un lieutenant-colonel, capitaine en premier.
Un capitaine en deuxième.
Un lieutenant en premier.
Un lieutenant en deuxième.
Un sous-lieutenant en premier.
Un sous-lieutenant en deuxième.

---

1 sergent major.
4 sergens.
1 caporal fourrier.
8 caporaux
4 tambours.

4 fifres.

2 sapeurs.

216 gardes.

240, effectif d'une brigade en sous-officiers et gardes.

31. Il y aura en outre pour les gardes Haytiennes,

Un commissaire.
Deux adjudans majors.
Un quartier-maître-trésorier.
Un instructeur.
Un chirurgien major.
Un aide chirurgien.
Cinq adjudans sous-officiers, un par brigade.
Un tambour major.
Un fifre major.
Un tambour maître.
Un fifre maître.

32. Le grand uniforme des gardes Haytiennes sera habit long, rouge, revers et collet de velour noir, paremens doublure et passe-poils blancs, épaulettes rouges, pantalons blancs, guêtres noires, sakos bordé de galon de soie rouge, tresses en cordonnets de soie rouge, pompons rouges.

33. Le petit uniforme, habit veste bleu, collet et paremens blanc, passe-poils et doublure rouge, revers vert, pantalon de russie, même guêtres et sakos que ceux du grand uniforme.

34. L'armement des gardes Haytiennes consistera en un fusil, giberne et briquet, banderole de la giberne et baudrier du briquet en buffle blanchi.

35. Les brigades auront chacune deux en-

seignes particulières, celles de la 1ère seront en taffetas noir, celles de la 2e en taffetas rouge, celles de la 3e en bleu de ciel, celles de la 4e en vert, celles de la cinquième en blanc. Chaque enseigne aura les armes du roi empreintes au milieu, avec la devise royale, *Dieu, ma cause et mon épée*, d'un côté, et de l'autre cette inscription, *Gardes Haytiennes*, avec le numéro de la brigade à qui les enseignes appartiendront, et cette légende, *La victoire couronne la valeur !*

Le maréchal de camp commandant en second et le colonel major, viendront, soir et matin, prendre l'ordre de sa majesté pour le service.

TITRE IV et Dernier.

DISPOSITIONS GÉNÉRALES.

36. Les gardes du corps, les chevau-légers et les gardes Haytiennes, ne prendront jamais les armes que pour le roi, la reine, le prince royal, et leurs altesses royales madame Première et madame Athénaïs. Ces corps ne battront, ne sonneront aux champs et ne présenteront les armes que pour le roi et la reine seuls, cependant lorsque le roi sera absent des villes, palais, châteaux et lieux de plaisance où se trouveront leurs altesses royales ci-dessus, la maison militaire du roi leur rendra les mêmes honneurs qu'à leurs majestés ; mais dans toute résidence où le roi sera présent, ces corps ne feront que battre, sonner le rappel et leur présenter les armes.

37. Le salut de l'enseigne, de l'étendart et du drapeau, pour la maison du roi, de même que pour tous les corps, n'est dû qu'au roi et à la reine.

38. Les officiers de la maison militaire du roi ne salueront de l'épée que leurs majestés.

Les autres corps, soit d'infanterie, de cavalerie et d'artillerie, continueront à rendre aux officiers généraux les honneurs et saluts militaires d'usage, excepté le seul salut du drapeau, qui n'est dû qu'au roi et à la reine.

39. Lorsqu'un officier supérieur viendra à passer auprès d'une sentinelle, soit des gardes du corps, soit des chevau-légers ou des gardes Haytiennes, cette sentinelle se tiendra immobile au port d'armes.

40. Quand les gardes du corps, les chevau-légers ou les gardes Haytiennes seront en marche ou rangées en bataille sur une place quelconque, si un grand maréchal d'Hayti vient à passer, ils feront halte, et porteront les armes, sans battre ni sonner, jusqu'à ce que cet officier soit passé. Si c'est un maréchal de camp, ils feront également halte, et se tiendront l'arme au pied, jusqu'à ce que cet officier soit aussi passé.

41. Le roi, à cheval, fait recevoir son lieutenant à la tête du corps assemblé, le lieutenant fait recevoir de la même manière tous les autres officiers, tant supérieurs qu'inférieurs.

42. Aussitôt après que le roi a fait recevoir son lieutenant, sa majesté étant retirée, il prête son serment l'épée au côté, à cheval, entre les mains d'un grand maréchal d'Hayti, aussi à cheval. Les autres officiers des gardes du corps, des chevau-légers et des gardes Haytiennes, prêtent leur serment dans la même forme et l'épée au côté, comme étant de la garde du roi, entre les mains du lieutenant ou commandant de leurs corps.

43. Le lieutenant des gardes du corps, ceux des chevau-légers, et le colonel général des gardes Haytiennes, ne rendent compte qu'à sa majesté, et ne reconnaissent aucun autre supérieur ; aucun autre général ne peut se mêler du commandement, ni aucun ministre prendre connaissance du détail de ces corps.

44. Le roi, en sa qualité de capitaine, commande en personne, les gardes du corps et les chevau-légers, lorsqu'il le juge à propos.

45. Les enseignes des gardes du corps et les étendarts des chevau-légers sont portés chez le roi, et déposés dans la ruelle de son lit, tout autant que ces corps ne sont point assemblés.

46. Toutes les fois que ces corps prendront les armes, soit ensemble ou particulièrement, les majors, sous-lieutenans en 1er, suivis d'un aide major en 2d, des enseignes ou cornettes, et de huit caporaux ou brigadiers de chaque corps, se transportent jusques dans la chambre du roi, où ils entreront tous ; les majors et sous-lieutenans passeront dans la ruelle du lit de sa majesté, prendront les enseignes et étendarts, les remettront aux enseignes et cornettes, et les feront porter dans leurs corps, où les enseignes et étendarts seront reçus avec les honneurs d'usage, et placés dans leurs rangs respectifs ; les enseignes et étendarts seront rapportés de même chez sa majesté lorsque la revue sera terminée.

Les drapeaux des gardes Haytiennes seront portés et déposés chez le colonel général, lorsque les brigades ne seront pas de service auprès de sa majesté, ou qu'elles ne prendront pas les armes.

47. Les commissaires passeront la revue de leurs corps respectifs, tous les mois, et en ren-

dront compte au roi, aussi bien que tout ce qui les concerne, et des abus qui pourraient se glisser dans ces corps, etc. ils surveillent l'exécution des règlemens, auxquels ils doivent tenir la main.

MANDONS et ordonnons que les présentes, revêtues de notre sceau, soient adressées à toutes les cours, tribunaux et autorités administratives, pour qu'ils les transcrivent dans leurs registres, les observent et les fassent observer dans tout le royaume ; et le ministre de la justice est chargé de la promulgation du présent.

Donné en notre palais du Cap-Henry, le 6 Mai 1811, l'an huit de l'indépendance.

Signé HENRY.

Par le Roi,
Le Ministre Secrétaire d'Etat,

Duc de Morin.

MAISON DU ROI,

Il a plu au roi de faire les nominations suivantes pour la composition des maisons de Leurs Majestés.

Grand Aumônier.

Son éminence monseigneur Corneille Brelle, archevêque d'Hayti, duc de l'Anse.

Grand Echanson.

Son altesse sérénissime monseigneur le prince Noël, colonel général des gardes Haytiennes.

Grand Panetier.

Son altesse sérénissime monseigneur le prince Jean.

Grand Maréchal du Palais.

M. le duc de Fort-Royal.

Chancelier.

M. le baron de Lagroue.

Gouverneurs des Palais.

Du Cap-Henry, M. le duc de Fort-Royal.
De Sans-Souci, M. le comte de Saint-Louis.
De Fort-Royal, M, le comte de Laxavon.
Du Limbé, M. le prince du Limbé.
Du Port-de Paix, M. le duc de Plaisance.
Du Môle, M. le comte du Gros-Morne.
Des Gonaïves, M. le prince des Gonaïves.
De Dessalines, M. le comte de Cahos.
De Saint-Marc, M. le duc de l'Artibonite.

Gouverneurs des Châteaux.

Des Délices de la Reine, M. le comte de Richeplaine.
De Tenez-y, M. le baron de Ferrier.
De la Victoire, M. le baron de Béliard.
De Protège, M. le baron de Chevalier.
De Grand-Pont, M. le baron de Proix.
De Mettez-y, M. Navarre.
De Bellevue-le-Roi, le comte de Sainte-Suzanne.

Grand Chambellan.

M. le duc de Plaisance.

Chambellans.

M. le comte du Mirebalais, maréchal de camp et aide-de-camp de sa majesté.

M. le comte du Gros-Morne, idem.

MM. les barons de Thabares, Proix, Almanjor fils, brigadiers des armées et aides-de-camp de sa majesté; Cap, Pierre Poux, Galbois, Bottex, Théodore, Léo, colonels et aides-de-camp de sa majesté.

MM. les chevaliers de Blaise, Leconte, Dezorme, lieutenans-colonels et aides-de-camp de sa majesté.

Secrétaires du Roi.

M. le comte de Limonade.
M. le baron de Lagroue.
M. le chevalier de Prézeau.
M. le baron de Dupuy, interprète.

Bibliothécaire.

M. le baron de Sévelinge.

Grand Ecuyer.

M. le baron de Monpoint.

Ecuyers.

M. le comte d'Ouanaminthe, premier écuyer.
M. le chevalier de Gilles Créon.
MM. Bien-Aimé Guillaume, Jean Jonasse, Pierre Célestin, Cazimir Desmangles.

Maison des Pages.

M. le comte du Terrier-Rouge, gouverneur.

Professeurs des Pages.

MM. Laborie, pour les mathématiques.
Sangosse, pour l'histoire et la géographie.
Dupotet, pour le français, le latin et l'anglais.
Meunier, pour l'écriture.
Deblanc, pour l'escrime.
Gautarel, pour la musique.
Mouchet, pour la danse.

Pages.

MM. Lemoine, Evariste, Antoine Desmaron, Brissac fils, Jean Moyse, Sterlin aîné, Sterlin cadet, Valcourt Leconte, Florimon Bournac, Ogé, Jean Diaquoi, Pierre Diaquoi, Silvestre-Auguste Joachim, Joseph Apollon.

Grand Veneur.

M. le duc de la Grand-Rivière.
M. le baron de Sicard, capitaine des chasses.
M. le baron de Bottex, lieutenant des chasses.
M. le baron de Léo, porte arquebuse.

Grand Maîtres des Cérémonies.

M. le baron de Sicard.

Maître des Cérémonies.

M. le comte de Saint Louis.
M. le baron de Chevalier.

Aides des Cérémonies.

M. le baron de Dupuy.
M. le baron de Ferrier.

Hérauts d'Armes.

M. Pierre Martin, roi d'armes.
MM. Germain, du Cap-Henry.
Baraquet, de Sans-Souci.
Jean-Louis Narcisse, de Fort-Royal.
Simon Mancel, du Port-de-Paix.
Louis Clément, du Môle.
Jacques Thimothée, des Gonaïves.
Charles Chavanne, de Saint-Marc.
Léger, du Port-au-Prince.
Hilaire Boisdoré, de Léogane.
Etienne Bastien, de Jacmel.
Hyppolite Brangier, de Dessalines.
Savary, des Cayes.
Pierre Mouchet, de Jérémie.

Nota. Les hérauts d'armes portent le titre des principales villes du royaume, comme il est dit ci-dessus.

Huissiers du Palais.

MM. Thomassin Calvet, Clément Prévost, Louis-Michel Jacques, Jean-Baptiste Charlemagne, Lasuze, Jean-François Chabot, Louis Gauffier Gauthier, Badiau.

Intendance générale de la Maison du Roi.

M. le comte de Rosiers, intendant général,
M. le baron de Faraud, intendant des bâtimens de la couronne,
M. le baron de Béliard, directeur et intendant des jardins, eaux et forêts.

Service de Santé.

MM. Turlin, premier médecin.
Reyrole, médecin ordinaire.
Déniau, Massicot et Ossante, médecins par quartier.

Chirurgiens.

Moyse, Eustache, Sans-Façon, Ulysse.

Pharmaciens.

Toussaint, Revinchal, Aimé.

Trésorier général du Roi.

M. le chevalier de Prézeau.

MAISON DE LA REINE.

M. Jean-de-Dieu, premier aumônier.

Dame d'Honneur.

Madame Blancan.

Dame d'Atour.

Madame la baronne de Papalier.

Dames du Palais,

Les princesses Noël, Jean, des Gonaïves, du Limbé.
Les duchesses de la Grande-Rivière, de Morin, de Fort-Royal, de Plaisance, de l'Artibonite.
Les comtesses d'Ouanaminthe, du Borgne, de la Bande du Nord, de Laxavon, d'Ennery, de

Cahos, de Limonade, du Trou, du Terrier-Rouge, de Saint Louis, du Gros-Morne, de Léogane, de Terre-Neuve, de Rosiers, de Richeplaine.

Chevalier d'Honneur.

M. le comte de Rosiers.

Chambellans.

M. le comte de Laxavon.
MM. les barons de Chevalier, de Papalier.
M. Calixte.

Ecuyers.

M. le baron de Léveillé, premier écuyer.
MM. les chevaliers Pierre Marc, Jean-François David, Sainte Fleur.
M. Crépin.

Secrétaire des Commandemens de la Reine.

M. le baron de Charrier.

Gouverneur des Pages.

M. le comte du Borgne.
Les mêmes professeurs que ceux des pages du roi.

Pages.

MM. Victor Rouanez, Théophile Charles Pierre, Henry Charles Pierre, Agapit Thabares, Jean-Pierre Monpoint, Aly Bottex, Honoré Latortue, Pierre Petit, Henry Fontaine, J.-J. Filiâtre, Joseph Masseau, L. Petit.

Education de S. A. R. Mgr. le Prince royal.

Monseigneur le duc de Port-Margot, gouverneur du Prince royal.

M. le baron de Dominique Bazin, précepteur.
M. le chevalier de Dupin, sous-précepteur.

Education de L. A. R. les Princesses royales.

Madame Dubois, gouvernante de Madame Première.

Madame Deverre, gouvernante de Madame Athénaïs.

Donné en notre palais du Cap-Henry, le 12 Mai 1811, l'an huit de l'indépendance.

Signé HENRY.

Par le Roi,

Comte de Limonade.

ROYAUME D'HAYTI.

MAISON MILITAIRE DU ROI.

Sa Majesté, par son Edit du 6 Mai, a organisé les cinq corps d'infanterie et de cavalerie, connus sous le nom de Gardes du Corps, Chevau-légers du Roi, Chevau-légers de la Reine, Chevau-légers du Prince Royal, et des Gardes Haytiennes, qui doivent composer sa maison militaire.

En conséquence Sa Majesté a daigné faire les promotions suivantes ;

GARDES DU CORPS.

Le Roi, capitaine.
M. le duc de Morin, lieutenant.
M. le comte du Terrier-Rouge, major commandant.

Première Compagnie.

M. le comte du Borgne, sous-lieutenant en 1er.
M. le Chevalier de Célestin Pétigny, sous-lieut. en 2e.
MM. Remi Jacques, aide-major en premier.
　Cressant, idem, en deuxième.
　Barthelémi Lafricain, enseigne.
　Narcisse Baptiste, idem.

Deuxième Compagnie.

M. le comte d'Ouanaminthe, sous-lieutenant en 1er.
M. le chevalier de Pierre Hardy, sous-lieute- en 2e.
MM. Benze, aide-major en premier.
　Jean-Baptiste, idem, en deuxième.
　Antoine, enseigne.
　Lubin François, idem.

Calixte Augustin, quartier-maître-trésorier.
Poutonier, instructeur.

CHEVAU-LÉGERS DU ROI.

Le Roi, capitaine.
M. le duc de la Grande-Rivière, lieutenant.

M. le comte du Mirebalais, major commandant.
M. le baron de Monpoint, sous-lieutenant en premier.

Première Compagnie.

M. le chevalier de David, sous-lieutenant en deuxième.
MM. Julien, aide-major en premier.
Bien-Aimé Glotte, idem, en deuxième.
Dépaneau, cornette.

Deuxième Compagnie.

M. le chevalier de Fidèle François, sous-lieut. en 2e.
MM. Louis Guillaume, aide-major en premier.
Bobo, idem, en deuxième.
Dargus, cornette.

Bien-Aimé Guillaume, quartier-maître-trésorier.
Weis, instructeur.

CHEVAU-LÉGERS DE LA REINE.

LE ROI, capitaine.
M. le prince du Limbé, lieutenant.
M. le comte de Laxavon, major commandant.
M. le baron de Léveillé, sous-lieutenant en 1er.

Première Compagnie.

M. le chevalier de Prophète, sous-lieutenant en 2e.
MM. Bastien, aide-major en premier.
Denis, idem, en deuxième.
Fleury, cornette.

Deuxième Compagnie.

M. le chevalier de Sainte Fleur, sous-lieutenant en 2e.
MM. Baron, aide-major en premier.
Jean-Jacques Charles, idem, en deuxième.
Charles, du Borgne, cornette.

Gaston Démangles, quartier-maître-trésorier.
Cazeaux, instructeur.

CHEVAU-LÉGERS DU PRINCE-ROYAL.

Le Roi, capitaine.
Le Prince Royal, lieutenant.
M. le comte de Limonade, major commandant.
M. le baron de Jean Charles, sous-lieut. en 1er.

Première Compagnie.

M. le chevalier de Pierre Marc, sous-lieut. en 2e.
MM. Guillaume Abou, aide-major en premier.
Jean-Louis Valeur, idem, en deuxième.
Janite, cornette.

Deuxième Compagnie.

M. le chevalier de Nord Alexis, sous-lieut. en deuxième.
MM. Joachim Thabares, aide-major en premier.
Toussaint de Plaisance, idem, en deuxième.
Lejeune, cornette.

Crépin, quartier-maître-trésorier.
Saint Cloud, intsructeur.

GARDES HAYTIENNES.

M. le prince Noël, colonel général des gardes haytiennes.
M. le comte de la Marmelade, commandant en deuxième.
M. le brigadier des armées, baron de Pierrault, col. major.

Première Brigade.

M. le chevalier de Gilles Créon, capitaine en premier.
MM. Prophète Augustin, idem, en deuxième.
Guillaume Baptiste, lieutenant en premier.
Jean Joseph, idem, en deuxième.
J.-B. Louis, sous lieutenant en premier.
Baraux fils, idem, en deuxième.

Deuxième Brigade.

M. le chevalier de Bocher, capitaine en 1er.
MM. Grégoire Thomas, idem, en deuxième.
Cottereau fils, lieutenant en premier.
Fond-Rose Clavereau, idem, en deuxième.
Jean-Marie Baptiste, sous-lieut. en 1er.
Jean-Pierre Antoine, idem, en deuxième.

Troisième Brigade.

M. le chevalier de Bélair, capitaine en 1er.
M. Julien Gilau, idem, en deuxième.
MM. Louroux Chavane, lieutenant en 1er.
Félix Manigat, idem, en deuxième.

Louis Dumas, sous-lieutenant en 1er.
Robillard, idem, en deuxième.

Quatrième Brigade.

M. le chevalier de Sans-Souci, capitaine en 1er.
MM. Félix Alexandre, idem, en deuxième.
Jean Dureau, lieutenant en premier.
Pierre Monguy, idem, en deuxième.
Néré Martial, sous-lieutenant en premier.
Pierre Michel, en deuxième.

Cinquième Brigade.

M. le chevalier de César Mineur, capitaine en premier.
MM. Adrien Toussaint, idem, en deuxième.
Henry Chabot, lieutenant en premier.
Auguste Bégot, idem, en deuxième.
Charlot Alexandre, sous-lieutenant en 1er.
Théodore Adrien, idem, en deuxième.

Isidore Blaine, capitaine adjudant-major.
Florent Bellevue, idem.
Laforêt, capitaine instructeur.
Grandjean, quartier-maître.
Fait au Cap-Henry, le 12 Mai 1811, an huitième de l'indépendance.

Le Ministre de la Guerre et de la Marine,

PRINCE DU LIMBÉ,

Par Son Altesse Sérénissime,

Le brigadier des armes, baron de PAPALIER.

ORDONNANCE DU ROI,

Concernant la Prestation de Serment des Grands Dignitaires, Officiers civils et militaires du Royaume, et des Troupes de Terre et de Mer.

Sa Majesté, voulant régler la prestation de serment des grands dignitaires, officiers civils et militaires du royaume, et des troupes de terre et de mer, a ordonné et ordonne ce qui suit :

Article premier.

La solennité de la prestation de serment aura lieu dans la capitale le 30 Mai prochain, en présence de la reine, de notre cher et bien-aimé fils le prince-royal, des princesses du sang, et des princes et grands dignitaires du royaume.

2. Les grands dignitaires et officiers civils et militaires qui devront se rendre dans la capitale pour la prestation de serment, seront convoqués par des lettres particulières, qui leur seront adressées de la secrétairerie d'état, et devront être rendus au Cap-Henry avant le 25 Mai prochain.

3. Les différens corps de troupes, de l'armée de terre et de mer, enverront des députations comme suit :

4. La marine, une députation composée de vingt-cinq hommes par bâtimens, un tiers officiers, un tiers sous-officiers ou maîtres, et l'autre tiers marins ou soldats de marine.

5. L'infanterie enverra une députation de cent hommes par corps, choisis parmi les gre-

nadiers des trois bataillons de chaque régiment, avec le colonel du corps, un lieutenant-colonel, deux capitaines, deux lieutenans et deux sous-lieutenans. La députation de chaque corps apportera les trois drapeaux du régiment.

6. L'artillerie enverra une députation de cinquante hommes par corps, avec le colonel, un lieutenant colonel, un capitaine, un lieutenant et un sous-lieutenant, ainsi que les trois drapeaux de chaque régiment.

7. Le corps-royal des bombardiers enverra une députation de dix hommes par compagnie, avec un officier.

8. La cavalerie enverra une députation de cinquante hommes par corps, avec un colonel, un lieutenant colonel, un capitaine, un lieutenant et un sous-lieutenant, ainsi que les trois étendarts de chaque régiment.

9. Les guides à cheval enverront une députation de dix-hommes et un officier par compagnie.

10. Le corps des royal-bonbons enverra une députation de dix hommes et un officier par compagnie.

11. Chaque compagnie de gardes de police des paroisses du royaume, enverra une députation de sept hommes ; un officier, un sergent, un caporal, quatre gardes de police.

12. L'administration des finances de chaque province enverra une députation de quatre de ses membres, qui sera composée de l'intendant, du contrôleur, du directeur des domaines et de celui des douanes.

13. L'administration maritime de chaque port du royaume enverra un de ses membres.

P

14. Les tribunaux, civils et de commerce, enverront une députation de trois de leurs membres, qui sera composée du commissaire du gouvernement, du doyen et d'un juge.

15. Les tribunaux de paix des paroisses enverront un homme par tribunal.

16. Les députations ci-dessus mentionnées devront être rendues dans la capitale avant le 25 Mai prochain.

17. Les grands dignitaires et officiers publics convoqués, feront connaître leur arrivée dans la capitale au grand maître des cérémonies, qui leur indiquera les lieux où ils devront se rendre et les places qu'ils devront occuper pendant la cérémonie.

18. Les députations des divers corps de troupes, de l'armée de terre et de mer, seront casernées à leur arrivée dans la capitale, et seront sous les ordres du grand maréchal du palais.

19. Les grands dignitaires, officiers publics, civils et militaires, prêteront successivement serment de fidélité et obéissance au roi.

20. Après la prestation de serment, sa majesté délivrera à toutes les députations des troupes, les nouveaux drapeaux qu'elle destine à l'armée, pour être remis à leurs corps respectifs lors de leur retour dans leurs garnisons.

21. Les officiers civils et militaires, les députations des divers corps de troupes de l'armée, assisteront au couronnement de leurs majestés, qui aura lieu le 2 Juin, et aux diverses cérémonies qui seront ultérieurement réglées.

22. Le 6 Juin, les officiers civils et militaires, les députations des divers corps de troupes

se mettront en marche pour retourner dans leurs domiciles, corps et garnisons respectifs.

Fait au palais du Cap-Henry, le 15 Mai 1811, l'an huit de l'indépendance, et de notre règne le premier.

Signé HENRY.

Par le Roi,

Le Ministre Secrétaire d'Etat,

Duc de Morin.

Dès le 25 Mai toutes les députations de l'armée de terre et de mer, des compagnies de police, des tribunaux civils, de commerce et de paix, des administrations accourues des divers points du royaume, étaient réunies dans la capitale, et se préparaient avec une égale ardeur à renouveler, entre les mains du souverain, le serment qui doit lier à jamais tous les Haytiens autour du grand homme qu'ils ont choisi pour les gouverner. Depuis cette époque la capitale a offert constamment l'asile de tous les plaisirs, la réunion de tous les cœurs, le spectacle touchant et attendrissant de la grande famille haytienne, rendant hommage à un souverain, à son héros, sans qu'on puisse citer un seul trait de ces désordres qui accompagnent l'affluence d'une grande quantité d'hommes. C'est qu'une seule pensée remplissait tous les cœurs ; c'est qu'Henry ne peut qu'inspirer de grands sentimens, et que la préoccupation seule de l'important objet pour lequel ils étaient appelés, suffisait pour éloigner toute idée dans les âmes mêmes les plus communes de s'écarter de l'honnêteté qui doit faire la base du caractère des Haytiens.

Nos voisins les Espagnols avaient envoyé en députation auprès de Sa Majesté MM. Dom Raphaël de Villars, commandant d'armes de la place de Saint-Yague ; Dom Ramond Villa, commandant de la Végue ; MM. Dom Vincent de Luna, ancien curé de Saint-Yague, et Dom Joseph Thabares, curé de la Végue, pour féliciter Leurs Majestés et assister à leur sacre et couronnement. Ces aimables étrangers se sont acquittés de leur mission avec toute la courtoisie et l'urbanité qui distinguent leur nation.

Il serait difficile de décrire l'étonnante activité et les travaux en tout genre qui ont été faits pendant l'espace de deux mois, pour les fêtes du couronnement de Leurs Majestés. Tous les arts, à l'envi les uns des autres, ont rivalisé de zèle et se sont surpassés ; des chefs-d'œuvres ont été créés dans ce siècle de merveilles. On cite, comme un ouvrage rare et précieux, les deux couronnes royales ; la beauté, la richesse, l'élégance, le fini du travail, et la manière ingénieuse avec laquelle les diamans ont été placés ; le sceptre, la main de justice, le collier, le crachat, les manteaux et habillemens royaux, tout a été travaillé par des Haytiens, sans qu'on ait eu besoin d'avoir recours à des mains étrangères ! Au Champ de Mars avait été édifiée une église de 250 pieds de longueur sur autant de largeur, divisée en neuf arcades, dont huit formaient autant de galeries de 25 pieds chaque, et la principale de 50 pieds de largeur. Au centre de la coupole de 80 pieds de hauteur, le trône de 70 pieds de hauteur sur 30 de largeur, placé sous un superbe baldaquin de soie cramoisie, brodé en or, orné de franges d'or, et parsemé d'étoiles et de phénix d'or, s'élevait majestueusement. L'intérieur de l'église était orné de deux rangs de tribunes de chaque côté de la nef, et tendu en entier en étoffe de soie bleu céleste, ornée de franges d'or et agréablement parsemée d'étoiles d'or. Tous les endroits par où Leurs Majestés devaient passer étaient recouverts de superbes tapis aux armes du roi, et semés d'étoiles. L'autel avait douze pieds de longueur sur six de largeur. A gauche était une superbe tribune élégamment ornée en soie cramoisie, à frange d'or, destinée pour S. M. la Reine et les personnes de sa maison. Dans le sanctuaire, à droite, était le siége archiépiscopal, élevé sur trois marches, tendu et recouvert par un petit baldaquin de soie violet, orné de franges d'or. Derrière l'autel était une estrade, pour la musique de la chapelle ; et à droite du siége archiépiscopal, une tribune pour les personnes destinées à exécuter le motet du couronnement. Au devant de la façade principale de l'église, les armes du roi étaient peintes de six pieds de hauteur, surmontées du pavillon haytien, qui flottait dans les airs. On lisait ces mots sur les autres faces des galeries, *liberté, indépendance, honneur, Henry !*

A droite du Champ de Mars étoit la tente royale, surmontée de deux pavillons aux armes du roi. L'intérieur de la tente renfermait trois chambres. La principale avait 40 pieds, et les deux autres chacune 15, séparées par des rideaux de taffetas vert, à franges d'or, ornées d'étoiles et de phénix d'or. Tout autour, dans l'intérieur de la tente, régnait une galerie de quatre pieds, en taffetas vert, dans laquelle on voyait les chiffres du roi, de la reine, du prince et des princesses royales. Un tapis de velours cramoisi, parsemé d'étoiles d'or, était tendu dans la salle principale, où il y avait des banquettes aussi recouvertes de velours cramoisi et parsemées d'étoiles.

Les rues où le cortége devait passer avaient été nivelées, repavées et sablonnées.

Sur la place d'Armes, une colonne de 80 pieds de hauteur avait été érigée, au faîte de laquelle était un transparent, en forme de globe, de huit pieds de hauteur, surmonté d'une couronne, au milieu du transparent les chiffres du roi, de la reine, du prince et des princesses royales, entourés de lauriers et de fleurs ; sur un côté on lisait ces mots : *Le Roi, à l'Armée de terre et de mer !*

Les quatre façades du palais étaient garnies de lampions, représentans les chiffres du roi, de la reine, du prince, des princesses de la famille royale, des étoiles et des phénix, artistement arrangés pour les fêtes du couronnement.

Tous ces travaux s'achevaient avec une activité, un zèle sans égal ; mais n'anticipons pas sur les dates, et transcrivons ici le programme et la description des cérémonies de la prestation de serment.

PROCÈS VERBAL

De la Prestation de Serment des Grands Dignitaires, Officiers civils et militaires, des Troupes de Terre et de Mer du Royaume d'Hayti, à Sa Majesté.

Aujourd'hui 30 Mai 1811, an 1er du règne de sa majesté, à six heures du matin, les troupes de la garnison de la capitale bordant la haie depuis le Champ de Mars jusqu'au devant du palais de leurs majestés; les gardes du corps étant rendus dans l'église à leurs places dans le chœur; toutes les députations civiles et militaires des troupes de l'armée de terre et de mer, des divers points du royaume, venues pour assister à la cérémonie de la prestation de serment d'obéissance aux constitutions du royaume et fidélité au roi, étant aussi rendues au même lieu : les troupes ont été placées par le duc de la Grand-Rivière dans les endroits à elles désignés par ordre de numéro, et les fonctionnaires civils, administratifs et judiciaires, occupant les places que le grand maître des cérémonies leur avait assignées dans l'église du Champ de Mars.

A sept heures, sa majesté la reine est sortie de son palais au bruit d'une salve d'artillerie; sa majesté avait avec elle, dans sa voiture, le prince et les princesses royales, accompagnés des officiers de sa maison et des troupes de sa garde à cheval. L'arrivée de sa majesté fut annoncée au Champ de Mars par une autre salve d'artillerie, et sa majesté fut reçue par le grand maréchal du palais, par le grand maître des cérémonies, qui l'ont conduite, ainsi que le prince et les princesses royales, dans la tribune décorée à cet effet et préparée pour sa majesté, en face du trône.

A huit heures, le roi est aussi sorti de son palais, au bruit d'une salve d'artillerie; sa majesté a monté à cheval; son cortége était composé de grands dignitaires, princes, ducs, ministres, comtes, barons, chevaliers, à cheval; des colonels et officiers des divers corps de troupes, à cheval. Une autre salve d'artillerie, tirée au

Champ de Mars, a annoncé l'arrivée du roi. Sa majesté a été reçue par l'archevêque et son clergé, le grand maréchal du palais et le grand maître des cérémonies. L'archevêque ayant présenté l'encens et l'eau bénite, et offert le dais au roi, que sa majesté a refusé, elle a été conduite jusque sur le trône. Sa majesté étant assise, et tous les grands dignitaires et officiers du cortége à leurs places et rangs respectifs, l'office divin a commencé. Après l'évangile, tous les grands dignitaires, les uns après les autres, ont été conduits par le grand maître des cérémonies au pied du trône, pour prêter serment au roi. Les princes, les ducs, les ministres, les comtes, les barons et les chevaliers ont prêté successivement et individuellement le serment conçu en ces termes :

" *Je jure obéissance aux Constitutions du*
" *Royaume et fidélité au Roi.*"

Ensuite sa majesté, s'adressant aux officiers civils et militaires, à l'armée, a dit d'une voix forte ces mots :

" *Officiers, Sous-Officiers et Soldats, vous*
" *jurez sur votre honneur, sur ce que vous avez*
" *de plus sacré, de vous dévouer au service du*
" *Royaume, à la conservation et à l'intégrité de*
" *son Territoire, à la défense du Roi et de la*
" *Famille Royale, des Lois et des Constitutions*
" *du Royaume ; de maintenir de tout votre pou-*
" *voir la Liberté, l'Indépendance, et de mourir,*
" *s'il le faut, pour le soutien du Trône.*"

Vous le jurez.

Tous, et la main levée, ont répondu d'une voix unanime : *Je le jure.*

Ce serment a été répété par tous les corps

présens et députations envoyées des diverses parties du royaume, au nom de leurs commettans.

Une salve générale d'artillerie a annoncé la prestation de serment.

Après, monseigneur l'archevêque a béni les drapeaux et étendarts destinés pour l'armée, qui ont été apportés au pied du trône, et remis par le prince du Limbé, ministre de la guerre et de la marine, aux divers chefs des régimens d'artillerie, d'infanterie et de cavalerie, en députation pour leurs corps respectifs.

Fait dans l'église du Champ de Mars, les jour, mois, et an que dessus.

Le Ministre Secrétaire d'Etat,

Duc de Morin.

Signé les princes Noël, des Gonaïves, du Limbé : les ducs de l'Anse, de la Grand-Rivière, de Fort-Royal, de Plaisance, de l'Artibonite, du Port-Margot : les comtes de Terre-Neuve, de Sainte-Suzanne, de la Marmelade, de la Bande du Nord, de Laxavon, d'Ennery, de l'Acul, de Cahos, du Dondon, de Limonade, du Trou, du Terrier-Rouge, du Mirebalais, de Saint-Louis, du Gros-Morne, de Léogane, de la Presqu'Isle, de Richeplaine, de Rosier, du Borgne, d'Ouanaminthe : les barons de Thabares, d'Henry Proix, de Chevalier, de Papalier, de Raymond, de Dessalines, de Sicard, de Dossou, de Ferrier, de Caze jeune, de Louis Pierrault, de Pierre Poux, de Célestin Cap, de Jean-Charles Charlaut, de Bottex, de Léo, de Monpoint, de Joseph Gérôme, de Barthélémy Choisy, de Faraud, d'Ambroise, de Deville, de Pescay, de Léveillé, de Lagroue, d'Isaac, de Stanislas Latortue, de Joseph Latortue, de Dupuy, de P. A. Charrier, de J. P. Petit, de Sévelinge, de Bazin : des chevaliers de Lacroix, de Luc Lucas, d'Alexandre Paul, de Giles Jolicœur, de Pierre Mondésir, de Pierre Théophile, de Benjamin Noël, de Pierre Fidèle, d'Honoré Samson, de Jacques Poux, de Francisque, d'Apollon, d'Eloi, de Laurent Désir ; et suivent un très-grand nombre de signatures.

La journée du 31 fut remarquable par la réception de tous les grands croix, commandeurs et chevaliers de l'ordre royal et militaire de Saint-Henry ; de cet ordre qui deviendra fameux, et dont la croix est le digne prix de la valeur guerrière. Réunis dans la salle du trône dont ils relèvent l'éclat, cette superbe enceinte offrait tout ce que le royaume a de plus grand en vertu, en courage, et en talens.

Le chancellier Lagroue porta la parole, et s'exprima ainsi :

Sire,

" Quelle satisfaction pour votre majesté, que le spectacle de l'auguste cérémonie qui conduit aux pieds du trône tout ce que le royaume a de plus distingué !

Illustres Haytiens,

" Le grand maître, le fondateur de cette sublime institution, qui retrace à nos cœurs les vertus, les faits éclatans des Bayard, des Clisson, des Duguesclin, des Latour Dauvergne et des Montmorenci, appelle autour de lui tous les braves militaires qui ont immortalisé leurs noms dans les combats, et les autres officiers du royaume qui ont rendu d'éminens services à la patrie.

" Que peut se proposer de plus noble, de plus précieux, toute âme généreuse et embrâsée d'amour pour la patrie, que de réunir au suprême degré, les qualités rares qui distinguent et constituent tout véritable chevalier ?

" Quoi de plus beau, de plus propre à électriser nos courages, que la perspective des avantages et des honneurs attachés à la dignité de cet ordre !

" Nous allons recevoir, de la main du roi, la croix de l'ordre et l'accolade ; et aux pieds du trône, à genoux, nous jurerons de nouveau, et promettrons d'être fidèles au roi, de ne nous départir jamais de l'obéissance qui lui est dûe, et à ceux qui commandent sous ses ordres, de garder, de défendre, et de soutenir, de tout notre pouvoir, son autorité, ses droits et ceux de sa couronne, envers et contre tous ; de ne jamais quitter son service, ni passer à celui d'aucune puissance étrangère, sans sa permission et son agrément par écrit ; de lui révéler tout ce qui viendra à notre connaissance, contre sa personne et contre son royaume ; de garder exactement les statuts et réglemens dudit ordre, et de nous comporter en tout, comme bons, sages, preux et vaillans chevaliers."

Ces illustres et intrépides défenseurs de l'état, ces fondateurs de la liberté et de l'indépendance de leur pays, couverts d'honorables cicatrices des blessures reçues en combattant pour le maintien de leurs droits, venaient modestement recevoir des mains d'Henry, cette digne récompense militaire, ce prix de la valeur décerné par la main du héros qui lui-même en était décoré, ainsi que son digne et bien-aimé fils. Après la réception, et lorsque tous les chevaliers furent assis, le comte de Limonade, secrétaire du roi, leur adressa le discours suivant :

Grands Croix, Commandeurs et Chevaliers de l'Ordre royal et militaire de S. Henry,

" Le roi, notre très-illustre grand maître et fondateur, et bien-aimé souverain, animé de la sublime pensée de réformer son peuple, de le policer encore, et de lui faire goûter tous les avantages de la civilisation, profite de ses loisirs pour étendre les combinaisons de son vaste génie. Elevé sur le pavois royal, par le vœu, l'assentiment général, ses regards se sont fixés avec une attention particulière sur les anciens compagnons de sa gloire ; il n'a point oublié leurs périls, leurs dangers, les services qui lui ont été rendus. Sa majesté a senti tous les avantages d'un ordre de chevalerie ; et semblable à ces grands rois qui en ont fondé dans leur royaume, elle n'a pu mieux choisir que les illustres Haytiens sur qui elle a jeté les yeux. Aussi son choix est autant une marque de prédilection, qu'une dette que son grand cœur croit devoir payer à la patrie."

" Grands croix, commandeurs et chevaliers, de quel prix doivent être à vos yeux les décorations dont vous êtes revêtus ? Elles vous ont été données par le favori de Mars, par le fils chéri de la Victoire. Ces décorations semblent porter avec elles une égide invulnérable dans les combats ; que l'ennemi tremble en les appercevant ! Qu'elles lui montrent tout d'un coup la valeur et l'énergie de ceux qui ont le bonheur d'en être revêtus ! Quel meilleur juge de la valeur, qui ne serait fier d'avoir été distingué par ce héros ! Mais aussi quelles obligations ne vous imposent-elles point ? Remontez aux principes ; feuilletez les livres de l'ancienne et antique chevalerie ; là, vous verrez tracés tous vos devoirs. Fidélité éternelle en tout temps, et en tout lieux, dans toutes les situations où le caprice du sort peut nous placer; tempérance, sobriété, résignation, courage ; défendre, soutenir et protéger de tout votre pouvoir la veuve, l'orphelin, le faible, contre les injustes attaques du puissant; être bon père, bon fils, bon mari, bon haytien, serviteur zélé et affectionné, sont les principales qualités qui doivent vous distinguer éminemment du commun des hommes. Loin d'ici le profane chevalier qui ne verrait dans ces décorations que le brillant qu'elles peuvent avoir, qui ne les regarderait que comme une parure, comme un objet de luxe pour satisfaire sa vanité, et s'en parader aux yeux de ses concitoyens, et qui en dédaignerait les honorables, les hautes, les sublimes fonctions.

Confrères et chers Camarades,

" Montrons-nous dignes de l'insigne faveur qui nous a été faite ; que notre émulation soit sans cesse excitée pour le service de notre cher et invincible monarque, pour le soutien et l'indépendance de son trône et de sa famille chérie. Montrons-nous de dignes, de vertueux, de vaillans chevaliers ; méritons enfin ce titre, qui seul porte avec lui sa véritable signification ; que notre renommée franchisse les temps et les mers ; qu'elle aille porter dans les quatre parties du monde, et la gloire d'Henry et celle de sa brave et fidèle noblesse."

Après ce discours sa majesté se leva et descendit de son trône, et chacun se retira paisiblement chez lui, l'esprit pénétré des grandes choses qui s'étaient passées dans une aussi auguste et majestueuse assemblée.

Le cœur du monarque fut ému des plus délicieuses émotions; il avoua depuis le plaisir inexprimable qu'il ressentit en recevant ces chevaliers, et avec quelle étreinte ils lui pressèrent la main à leur réception.

Le 1er Juin, les grands croix, commandeurs et chevaliers de l'ordre royal et militaire de Saint-Henry, en grande tenue, et revêtus de leurs décorations, se sont transportés en corps dans l'église paroissiale, où ils ont assisté à la célébration d'une messe du S. Esprit, et au *Te Deum*, qui a été chanté par monseigneur l'archevêque.

Jamais le peuple n'avait vu une plus belle tenue. La richesse, la beauté des uniformes Haytiens, ce superbe cordon, revêtu de la croix, relevait avec autant de grâces les militaires qui ont le bonheur d'en être revêtus! Quelle honorable émulation ces distinctions ne vont-elles pas produire? Qui ne serait fier et orgueilleux de les porter? Surtout lorsquelles sont le seul et digne prix des vertus, qu'il n'existe nulle exclusion, nulle préférence; que la route de l'honneur est ouverte à tous pour y parvenir. Cette noble institution, puisée dans la connaissance du cœur humain, tournera toute entière à la gloire de la patrie !

A l'issue de la messe, les officiers de tout grade qui composent l'auguste ordre de Saint Henry, se sont transportés au palais du roi, où un repas splendide avait été préparé pour eux. Henry voulut jouir de leur société et partager leurs plaisirs. Combien son cœur dut être touché et attendri. Il pouvait se dire : Voilà mes enfans aînés, les plus fermes appuis de mon trône ; il n'est aucun de ces guerriers qui ne sacrifierait sa vie avec joie pour ma défense. C'est dans ces cœurs que mon empire est le plus affermi ; que nos tyrans vomissent leurs satellites par milliers sur le sol d'Hayti, à la tête de ma noblesse et de mes fidèles troupes, je suis en état de repousser tous leurs efforts et toute la science de leur tactique.

La joie, la gaieté a présidé à ce festin. Soudain le plus profond silence se fait entendre, Henry va parler, et le premier toast qu'il porte est : *A sa fidèle Noblesse, aux Grands Croix, Commandeurs et Chevaliers de Saint Henry, aux vaillans modèles de ses armées !*

La musique exécute le morceau *Où peut-on être mieux, qu'au sein de sa famille.*

Le prince des Gonaïves se lève et porte le toast suivant : *A l'illustre et bien-aimé souverain et fondateur de notre Ordre ! à Henry 1er, roi d'Hayti ; que sa gloire soit éternelle.* Les applaudissemens couvrent cette santé, et l'airain éclatant l'annonce au loin.

La musique joue l'air chéri : *Vive Henry !*

Le prince du Limbé : ***A Sa Majesté la Reine.*** Quelle fasse toujours le **bonheur de son époux** et la gloire d'Hayti !

Le salut royal et l'Hymne Haytienne se font entendre.

L'on but successivement à la santé du prince et des princesses de la famille royale.

L'immortelle journée du 2 allait luire pour le bonheur d'Hayti : les vœux des Haytiens la dévancèrent.

Le procès verbal descriptif des cérémonies de ce grand jour, mettra le lecteur à même de connaître tous les détails de cette grande et importante fête nationale.

———

PROCÈS-VERBAL

Du Sacre et Couronnement de Leurs Majestés le Roi Henry Ier, et la Reine Marie-Louise.

Aujourd'hui deux du mois de Juin 1811, an premier du règne de sa majesté, à deux heures du matin, des piquets d'infanterie et de cavalerie ont occupé les postes et avenues du palais et du Champ de Mars, sous les ordres de monseigneur le duc de Fort-Royal, grand maréchal du palais.

A trois heures du matin les députations militaires des divers points du royaume, appelées à la cérémonie, se sont réunies à la garnison sur le Champ de Mars.

A quatre heures se sont rendus aussi au palais de justice les membres des corps administratifs et judiciaires, qui en sont partis à quatre heures et demie, et se sont rendus au Champ de Mars, où ils ont été reçus par le grand maître et les maîtres des cérémonies, et conduits aux places qui leur avaient été destinées.

A cinq heures, monseigneur l'archevêque est parti de son palais, au milieu d'une haie de troupes, et s'est rendu au Champ de Mars. Son cortége a suivi directement la rue du Centre qui y conduit. La marche a été ouverte et fermée par un piquet de cavalerie : une garde de vingt-cinq grenadiers, commandée par un officier, a escorté l'archevêque. Le clergé s'était rendu à l'église avant l'archevêque.

M. Jean-de-Dieu a présenté à l'archevêque l'aspersoir, avec lequel monseigneur a fait une aspersion sur le clergé, la magistrature et le peuple ; de là il a pénétré dans le sanctuaire, conduit sous le dais archiépiscopal.

A six heures leurs majestés royales sont parties du palais, au bruit des cloches, de la musique guerrière et d'une salve d'artillerie, et ont suivi, pour arriver au Champ de Mars, la même route qu'a tracée le cortége de monseigneur l'archevêque. La marche du cortége royal a été ouverte par le roi d'armes en tête, les hérauts d'armes à pied, sur six de front ; les huissiers, idem.

Les chevaliers à pied, sur six de front ; les barons, idem ; les comtes, idem ; les ducs, tous de front, à pied.

Les quatre ministres et le chancelier de front, à pied.

Le ministre des finances et de l'intérieur à droite, après le ministre de la guerre, le ministre d'état, le ministre de la justice et le chancelier, tous de front, à pied.

Après le prince Noël, seul, à pied.

Deux pelotons de chevau-légers à cheval, de six de front, chaque peloton commandé par un officier.

Un détachement de deux pelotons de six officiers de chevau-légers du roi, de front, à cheval ; chaque peloton commandé par un officier supérieur.

Un détachement de six pelotons des gardes du corps du roi, à pied, de six hommes de front, chaque peloton commandé par un officier au centre du peloton.

Un détachement de six aides de-camp du roi, à cheval, devant la voiture de sa majesté, commandé par un officier supérieur.

La voiture du roi, attelée de huit chevaux, dans laquelle étaient le roi, la reine et le prince royal. Les pages montés devant et derrière la voiture de leurs majestés royales ; à chaque roue de devant, à droite, un colonel des gardes du corps, à cheval ; à gauche, le colonel des chevau-légers du prince royal ; aux deux roues de derrière, à droite, le grand écuyer du roi ; à gauche, le premier écuyer de la reine, aussi à cheval.

La voiture des princesses royales, attelée de six chevaux; aux deux roues de devant deux lieutenans-colonels des chevau-légers du roi, à cheval; aux deux roues de derrière deux lieutenans-colonels des chevau-légers de la reine.

Un piquet de six aides-de-camp du roi, à cheval, tous les six de front, commandé par un officier supérieur.

Un détachement de six pelotons des gardes du corps du roi, à pied, de six hommes de front, chaque peloton commandé par un officier au centre de chaque peloton.

Deux pelotons de chevau-légers, de six de front, à cheval, chaque peloton commandé par un officier.

Tous les détachemens et pelotons gardaient entr'eux un intervalle de quatre pas de distance les uns des autres.

Après, la voiture de madame Dessalines, et ensuite celle des dames d'honneur, d'atours, et celles des princesses, duchesses, comtesses, baronnes, etc. chacune par leur rang.

Le cortége a été fermé par un piquet de huit pelotons du 2e régiment de cavalerie, commandés par le colonel de ce corps, en tête, et un officier de cavalerie au centre de chaque peloton.

A l'arrivée du cortége sur le Champ de Mars, les hérauts d'armes et les huissiers ont été de droite et de gauche, et se sont tenus à l'entrée de l'église pour attendre le cortége de la tente royale. Cependant les chevaliers, barons, comtes, qui n'avaient pas les honneurs du roi à porter, se sont rendus de suite aux places qui leur avaient été destinées derrière le grand trône, de même les chevalières, baronnes, etc. et se sont tenus debout jusqu'à ce qu'ils ayent été prévenus de s'asseoir. Il n'a resté près de la tente royale que les grands dignitaires qui portaient les honneurs du roi et de la reine, et les dames d'honneur, d'atours, etc.

Le premier peloton des chevau-légers a fait un quart de conversion à droite, a été se placer en bataille sur la devanture des ailes de l'église, et a resté là en faisant front à la tente royale.

Le deuxième peloton a fait un quart de conversion à gauche, a été se placer en bataille sur la devanture des ailes de l'église, et a resté là en faisant aussi front à la tente.

Le premier peloton d'officiers des chevau-légers a passé à droite, bordé la haie, à cheval, devant le grand portail de l'église, et a laissé place pour le peloton d'aides-de-camp qui devaient se trouver devant eux.

Le deuxième peloton d'officiers des chevau-légers a passé à gauche, bordé la haie, à cheval, devant le grand portail de l'église, en laissant aussi place pour un peloton d'aides-de-camp.

Les pelotons des gardes du corps, en arrivant sur le Champ de Mars, se sont ouverts en deux, et ont été border la haie, de droite et de gauche, devant les chevau-légers, en faisant place pour les pelotons d'aides de-camp, comme il a été dit pour les chevau-légers, et ont bordé la haie aussi derrière la tente royale.

Le premier peloton d'aides-de camp, à cheval, s'est porté rapidement à la droite, et a bordé la haie, à cheval, en tête des chevau-légers, et a resté là.

La voiture de leurs majestés, en arrivant en face de la tente royale, s'est arrêtée. Les pages ont descendu et bordé la haie à droite et à gauche de la tente. Les officiers qui étaient à chacune des quatre roues ont descendu de cheval. Le grand écuyer a ouvert la portière, a donné la main au roi, l'a aidé à descendre, et a conduit sa majesté jusqu'à la porte de la tente.

Le premier écuyer de la reine a donné la main à sa majesté, l'a aussi aidé à descendre de voiture, et a conduit sa majesté jusqu'à la tente.

Le colonel des chevau-légers du prince royal a donné la main à son altesse royale, et l'a conduit de même.

La voiture du roi, par une prompte marche à gauche, a fait place à la voiture des princesses royales. Les quatre lieutenans colonels des chevau-légers qui étaient aux quatre roues ont descendu, ouvert la portière, et donné la main aux princesses royales, et les ont conduites jusqu'à la porte de la tente. Alors la voiture des princesses a suivi la même marche que la voiture du roi.

Le peloton de six aides-de-camp à cheval, qui suivait derrière la voiture des princesses royales, s'est ouvert en deux, la moitié s'est portée à droite et l'autre moitié à gauche, ensuite des premiers aides-de-camp à cheval déjà placés.

Les six pelotons des gardes du corps à pied ont fait la même marche que les six premiers pelotons, et ont bordé la haie de droite et de gauche.

Les deux pelotons d'officiers de chevau-légers à cheval se sont portés, le premier peloton à droite, le second a gauche, ont été se joindre ensuite des autres pelotons d'officiers de chevau-légers, et se sont placés derrière eux en peloton.

Les deux pelotons de chevau-légers à cheval ont fait les mêmes conversions de droite et de gauche que les premiers pelotons de chevau-légers, et se sont mis en bataille en faisant face à la tente royale par peloton.

Après est venue la voiture de madame Dessalines. Cette dame a descendu, et attendu le départ du cortége pour prendre sa place, de même que les dames d'honneur, d'atours, etc.

Les huit piquets de grosse cavalerie, en arrivant au Champ de Mars, se sont ouverts par moitié, de droite et de gauche, et mis en bataille à cheval, en fermant la devanture du Champ de Mars, au bas de la tente.

Leurs majestés, après s'être revêtues du manteau royal, sont parties avec leur cortége pour se rendre, à pied, dans la nef de l'église.

Dans la marche de cette tente à la nef, le cortége royal a observé l'ordre suivant, avec quatre pas de distance entre chaque groupe.

Le roi d'armes en tête, les hérauts d'armes, les huissiers, les pages, sur six de front ; les aides de cérémonies (barons de Ferrier et de Dupuy) les maîtres des cérémonies, le comte de Saint-Louis et le baron de Chevalier ; le grand maître des cérémonies, baron de Sicard.

M. le duc de la Grande-Rivière portant la corbeille qui devait recevoir le manteau de la reine, à sa droite le comte de Sainte-Suzanne, et à gauche le comte de l'Acul.

M. le duc du Port-Margot portant sur un coussin la couronne de la reine, à sa droite le comte de Laxavon, à sa gauche le comte d'Ennery,

Sa majesté la reine avec le manteau royal, sans couronne ; madame Première et madame Athenaïs soutenant le manteau de la reine ; le prince des Gonaïves à sa droite, le chevalier d'honneur au milieu, et le premier écuyer de la reine à sa gauche ; tous trois un peu en arrière de madame Première, qui marchait un peu en avant de madame Athénais.

La dame d'honneur et la dame d'atours, toutes deux de front, la dame d'honneur à droite et la dame d'atours à gauche.

Madame Dessalines.

Le duc de l'Artibonite portant le drapeau royal, à sa droite, le comte de Léogane ; à sa gauche, le comte de la Presqu'Isle.

Monsieur le prince Noël, colonel général des gardes haytiennes, portant la corbeille destinée à recevoir le manteau du roi ; à sa droite, le comte du Trou ; à sa gauche, le comte du Gros-Morne.

Le roi, la couronne sur la tête, portant en ses mains le sceptre et la main de justice ; près de sa majesté, au côté gauche, le prince royal.

Le grand maréchal du palais, le grand chambellan et le comte du Mirebalais soutenant le manteau du roi.

Cinq dignitaires de front, le prince du Limbé, le duc de Morin, le Chancelier, le comte de Terre-Neuve et le comte de Limonade.

Derrière eux le grand écuyer du roi, le colonel des gardes du corps, comte d'Ouanaminthe, le colonel des chevau-légers du prince royal, baron de Jean Charles, le colonel major des gardes haytiennes, baron de Pierrault, ont fermé la marche.

Les gardes du corps qui bordaient la haie ont marché avec le cortége, et se sont mis dans les places qui leur avaient été destinées dans l'église.

A l'entrée de leurs majestés dans la nef, une nouvelle salve d'artillerie s'est fait entendre ; les trompettes ont sonné, les tambours ont battu aux champs. Le cortége de la reine a passé à gauche en entrant dans l'église, et le cortége du roi à droite. La reine a retardé un peu sa marche, pour attendre que le roi fût arrivé auprès d'elle ; le prince royal a passé au côté droit du roi.

L'eau bénite a été présentée au roi et à la reine par leurs aumôniers, qui ont complimenté leurs majestés, et les ont conduites chacune processionnellement, sous un dais porté par le clergé jusqu'au petit trône. Les cortéges en tête du roi et de la reine ont retardé un peu leur marche pour attendre que leurs majestés ayent été placées sous le dais, complimentées et reçues l'eau bénite. Après, le cortége a continués a marche ; celui de la reine en tête, comme il était venu, et après, celui du roi.

La marche, depuis le portail jusqu'à l'entrée du chœur, a continué dans le même ordre. Le cortège a tourné à gauche du grand trône, en passant.

Arrivés à la porte du chœur, les hérauts d'armes, et successivement les huissiers et les pages se sont arrêtés, et ont bordé la haie à droite et à gauche dans la nef.

Le cortége royal a entré dans le chœur, celui de la reine a pris la droite, et s'est aussi rangé en haie ; celui du roi la gauche, de même pour laisser passer leurs majestés, et du moment que leurs majestés se sont assises sur le petit trône, les officiers et dames de ces deux cortéges ont pris leurs places ainsi qu'il suit :

Derrière la reine, madame Première et madame Athénaïs, derrière les princesses royales madame Dessalines ; à droite, mais un peu en arrière le prince des Gonaïves ; derrière madame Dessalines, à gauche des princesses, en obliquant en avant, la dame d'honneur, la dame d'atours ; derrière ces deux dames, le chevalier d'honneur et le premier écuyer de la reine, à gauche de la dame d'atours, en obliquant en avant, les grands dignitaires, portant les honneurs de la reine ; derrière le roi, son altesse le prince royal ; derrière le prince royal, le prince Noël ; à la droite du prince Noël, en obliquant en avant, le grand maréchal du palais ; à gauche du prince Noël, le grand chambellan et le comte du Mirebalais ; derrière ces quatre officiers, le grand écuyer, et les colonels des gardes du corps, des chevau-légers du prince royal et le colonel major des gardes haytiennes ; à droite du grand maréchal du palais, en obliquant en avant, le prince du Limbé ; à droite du prince du Limbé, le duc de Morin, ensuite du duc de Morin, le Chancelier ; derrière le prince du Limbé, le comte de Limonade, et derrière le duc de Morin, le comte de Terre-Neuve, derrière le Chancelier, le duc de l'Artibonite ; à la droite, près de l'autel, le grand maître et un maître des cérémonies ; à la gauche, près du siége archiépiscopal et de l'autel, un maître et un aide des cérémonies ; à l'entrée du sanctuaire, deux aides de cérémonies.

Du moment que le cortége royal est entré

dans le chœur, la partie dudit cortége qui avait resté dans la nef, par une prompte contre-marche, de droite et de gauche, s'est rangé en ordre inverse, de manière à se trouver placé dans le rang et dans l'ordre convenables pour accompagner leurs majestés lorsqu'elles ont marché vers le grand trône.

Au moment où leurs majestés sont entrées dans le chœur, l'archevêque a descendu de son siége archiépiscopal, a été à l'autel, et a commencé le *Veni creator*, le clergé s'est tenu à genoux pendant la première strophe de cet hymne, qui a été terminé par le verset et l'oraison suivant :

" Emitte spiritum tuum et creabuntur.
" Et renovabis faciem terræ.

Oremus.

" Deus qui corda fidelium sancti spiritûs illustratione docuisti, da nobis in eodem spiritu rectà sapere et de ejus semper consolatione gaudere. Per Christum dominum nostrum, etc."

Pendant cet hymne, le roi et la reine ont fait leur prière sur leur prie-dieu, à genoux, et se sont levés.

Le baron de Lagroue, chancelier, passant à la droite du roi, a salué successivement l'autel et sa majesté ; s'en est approché assez pour que le roi lui remît la main de justice, sans tourner le dos ni à sa majesté, ni à l'autel, a reculé à droite, et a été à sa place avec la main de justice.

Le grand maréchal du palais a suivi la même marche ; il a reçu le sceptre, et a été à sa place de la même manière.

Après, le grand chambellan a ôté la couronne, et la remise au prince du Limbé, qui a retourné à sa place de la même manière.

Le duc de Morin s'est approché du grand chambellan, qui a ôté le collier, et le lui a remis, et il a retourné à sa place.

Le grand chambellan, le grand écuyer et deux chambellans se sont approchés ensuite, et ont détaché le manteau, l'ont placé sur la corbeille du prince Noël, qui s'est avancé pour le recevoir, et a retourné à sa place.

Le comte de Limonade s'est approché de sa majesté. Le roi a tiré son épée, et la lui a remise. Après que le roi a remis son épée au comte de Limonade, le grand chambellan a détaché la belière de l'épée du roi, et a remis le fourreau au comte de Limonade. Le comte de Limonade a été ensuite à sa place.

Pendant ce temps la dame d'honneur, la dame d'atours et les grands officiers qui portaient la corbeille du manteau de la reine, s'en sont approchés, ont détaché son manteau, l'ont ployé sur leur corbeille, et ont été reprendre leurs places avec ces ornemens.

Les grands dignitaires et les officiers ci-dessus désignés ont été successivement porter sur l'autel les ornemens royaux, dans l'ordre suivant.

La couronne, l'épée, la main de justice, le sceptre, le manteau, le collier, la couronne de la reine, son manteau, l'un après l'autre.

Lesquels grands officiers ont été ensuite reprendre leurs places.

L'archevêque, après avoir chanté le *Veni creator*, a fait au roi la demande suivante:

" Profiteris ne, charissime in Christo Fili, et promittis coram Deo et angelis ejus, deinceps legem, justitiam et pacem, Ecclesiæ Dei, populoque tibi subjecto pro posse et nosse, facere ac servare, salvo condigno misericordiæ Dei respectu, sicut in concilio fidelium tuorum melius poteris invenire, ac invigilare ut pontificibus Ecclesiarum Dei condignus et canonicus honos exhibeatur."

Le roi a touché des deux mains le livre des évangiles, que le diacre lui a présenté, et a répondu *Profiteor*.

De suite on a récité :

Oremus.

Omnipotens sempiterne Deus, creator omnium, imperator angelorum, rex regum et dominus dominantium, qui Abraham fidelem servum tuum de hostibus triumphare fecisti, Moysi et Josue populo tuo prælatis multiplicem victoriam tribuisti, humilemque David puerum tuum imperii fastigio sublimasti, et Salomonem sapientiæ pacisque ineffabili munere ditasti, respice, quæsumus, Domine, ad precem humilitatis nostræ, et super hunc famulum tuum HENRICUM quem supplici devotione in regem consecraturi sumus, ac consortem ejus, benedictionum ☩ tuarum dona multiplica, eosque dexteræ tuæ potentiâ semper et ubisque circumda : quatenùs predicti Abrahæ fidelitate firmati, Moysis mansuetudine freti, Josue fortitudine muniti, David humilitate exaltati, Salomonis sapientiâ decorati, tibi in omnibus complaceant, et per transitum justitiæ inoffenso gressu semper incedant, tuæ quoque protectionis galeâ muniti, et scuto insuperabili jugiter protecti, armisque cœlestibus circumdati, optabilis de hostibus sanctæ Crucis Christi victoriæ triumphum felicitor capiant, terroremque suæ potentiæ illis inferant, et pacem tibi militantibus lætanter reportent : per Christum dominum nostrum, qui virtute sanctæ Crucis tartara destruxit, regnoque diaboli superato, ad cœlos victor ascendit, in quo potestas omnis regnique consistit victoria, qui es gloria humilium, et vita salusque populorum, qui tecum vivit et regnat in unitate Spiritus sancti Deus. Per omnia. Amen."

Cette oraison terminée, l'archevêque, les officians, ont récité, à genoux, les litanies, pendant lesquelles leurs majestés ont resté assises sur le petit trône.

Après le verset *Ut omnibus fidelibus defunctis...* L'archevêque s'est levé, et tourné du côté de leurs majestés, a recité les trois versets suivans, pendant lesquels leurs majestés se sont mises à genoux en s'inclinant.

" Ut hunc famulum tuum in regem coronandum et consortem ejus bene ✝ dicere digneris. Te rogamus.

" Ut hunc famulum tuum in regem coronandum et consortem ejus bene ✝ dicere et subli ✝ mare digneris. Te rogamus.

" Ut hunc famulum tuum in regem coronandum et consortem ejus bene ✝ dicere, subli ✝ mare et conse ✝ crare digneris. Te rogamus."

Les officians, à l'exemple de l'archevêque et conjointement avec lui ont fait des signes de croix en forme de bénédictions, savoir; aux mots *Bene ✝ dicere* du 1er verset.

Aux mots *Bene ✝ dicere et subli ✝ mare* du 2e verset.

Aux mots *Bene ✝ dicere subli ✝ mare et conse ✝ crare* du 3e verset.

On a continué ensuite de réciter les litanies jusqu'au *Pater*.

Après quoi l'archevêque s'est levé, les officians, restans à genoux, ont récité avec l'archevêque les versets et oraisons qui suivent :

" Et ne nos inducas in tentationem.
" Sed libera nos à malo.
" Salvos fac servos tuos, Domine.
" Deus meus sperantes in te.
" Esto eis, Domine, turris fortitudinis.
" A facie inimici.
" Nihil proficiat inimicus in eis.
" Et filius iniquitatis non apponat nocere eis.
" Domine, exaudi orationem meam.
" Et clamor meus ad te veniat.
" Dominus vobiscum.
" Et cum spiritu tuo."

Oremus.

" Pretende, quæsumus, Domine, famulo tuo HENRICO et consorti ejus dexteram cœlestis auxilii, ut te toto corde perquirant, et quæ dignè postulant consequi mereantur. Per Christum Dominum nostrum, etc. Amen.

" Actiones nostras, quæsumus, Domine, aspirando præveni et adjuvando prosequere, ut cuncta nostra oratio et operatio à te semper incipiat, et per te cæpta finiatur. Per Dominum nostrum Jesum Christum filium tuum."

Ces oraisons finies, les officians se sont rendus auprès de leurs majestés, leur ont fait une inclination profonde, et les ont conduites au pied de l'autel pour y recevoir l'onction sacrée.

Personne n'a suivi leurs majestés dans cette marche.

Leurs majestés à genoux au pied de l'autel, sur des coussins, l'archevêque a fait au roi une triple onction, l'une sur la tête, les autres dans les deux mains, et a récité les prières suivantes avec les officians.

Oremus.

" Deus Dei Filius Jesus Christus Dominus noster, qui à Patre oleo exultationis unctus es præ particibus tuis, ipse præsentem sanctæ unctionis infusionem, Spiritûs Paracleti super caput tuum bene † dictionem infundat, eamdemque usque ad interiora cordis tui penetrare faciat; quatenus hoc visibili et tractabili oleo, dona invisibilia precipere, et temporali Imperio justis moderationibus peracto, æternaliter cum eo regnare merearis, qui solus sine peccato rex regum vivit, et gloriatur cum Deo Patre in unitate Spiritus sancti Deus. Per omnia sæcula sæculorum. Amen."

Oremus.

" Omnipotens sempiterne Deus, qui Hazaë super Syriam, et Jehu super Israël, per Eliam, David quoque et Saülem, per Samuelem prophetam, in reges inungi fecisti; tribue quæsumus, manibus nostris opem tuæ benedictionis, et huic famulo tuo HENRICO quem hodie, licet indigni, in Regem sacrâ unctione delinimus, dignam delibutionis hujus efficaciam et virtutem concede.

T

Constitue, Domine, principatum super humerum ejus, ut sit fortis, justus, fidelis, providus, et indefessus Imperii hujus et populi tui gubernator, infidelium expugnator, justitiæ cultor, meritorum et demeritorum remunerator, Ecclesiæ tuæ sanctæ et Fidei christianæ defensor, ad decus et laudem tui nominis gloriosi. Per Dominum nostrum Jesum Christum, etc. Amen."

A la fin du second Oremus l'archevêque a fait les mêmes onctions à la reine, en récitant avec les officians l'oraison suivante :

Oremus.

" Deus pater æternæ gloriæ, sit tibi adjutor; et omnipotens bene☩dicat tibi : preces tuas exaudiat ; vitam tuam longitudine dierum adimpleat ; benedictionem tuam jugiter confirmet, et cum omni populo in æternum conservet ; inimicos tuos confusione induat, et super te Christi sanctificatio atque ejus olei infusio floreat, ut qui tibi in terris tribuit benedic☩tionem, ipse in cœlis conferat meritum angelorum, ac bene ☩ dicat te, et custodiat in vitam æternam Jesus Christus Dominus noster, qui vivit et regnat Deus, in sæcula sæculorum. Amen."

Après cette cérémonie leurs majestés ont été reconduites sur leur petit trône par les officians.

Les onctions ont été essuyées sur les petits trônes par le grand aumônier du roi et par l'aumônier de la reine.

Ensuite l'archevêque a commencé la messe, et l'a continuée jusqu'à l'*Alleluia* exclusivement. Les officians ont récité avec l'archevêque le pseaume *Judica*, ainsi que les autres prières jusqu'à l'*Introït* exclusivement.

Cette messe était celle du jour de la Pentecôte.

Immédiatement après le chant du graduel, l'archevêque a récité les prières suivantes :

" Adjutorium nostrum in nomine Domini.
" Qui fecit cœlum et terram.
" Sit nomen Domini benedictum.
" Ex hoc nunc et usque in sæculum.
" Domine exaudi orationem meam.
" Et clamor meus ad te veniat.
" Dominus vobiscum.
" Et cum spirito tuo."

Puis l'archevêque a béni les ornemens royaux dans l'ordre suivant :

Bénédiction de l'Epée royale.

Oremus.

"Exaudi quæsumus, Domine, preces nostras, et hunc gladium, quo famulus tuus HENRICUS se accingi desiderat, majestatis tuæ dexterâ bene † dicere dignare, quatenus defensio atque protectio possit esse Ecclesiarum, viduarum, orphanorum, omniumque Deo servientium, contrà sævitiam infidelium, aliisque insidiantibus sit pavor, terror et formido. Per Dominum nostrum Jesum Christum, etc."

Bénédiction des Manteaux royaux.

Oremus.

" Omnipotens Deus, qui pallio Eliæ Jordanis aquas dividisti, quique, per idem, Eliseo servo tuo duplicem spiritum infudisti, exaudi, quæsumus, preces nostras, et hæc vestimenta bene † dictionis tuæ rore perfunde, ut qui ea in signum potestatis induerint, virtutis tuæ sentiant effectum, diù vivant, prosperè procedant, pacificè regnent in terris, ac tecum in cœlis Sanctorum gloriâ vestiti gestiant. Per Dominum, etc."

Bénédiction des deux Couronnes, du Roi et de la Reine.

Oremus.

" Omnipotens sempiterne Deus, qui terrenos reges et imperatores ad exemplum Davidis dilecti tui, Salomonis et Joæ, diadematibus insigniri voluisti, ut dum regnant in terris gemmarum fulgore et ornamentorum splendore vivam tuæ majestatis exhibeant imaginem, effunde, quæsumus, super coronas istas bene † dictionem tuam, ut qui eas gestaverint, virtutum nitore fulgeant, regique sæculorum immortali, qui se spinis coronari passus est, humilitate, misericordiâ et mansuetudine configurati per bonorum operum fructus, immarcessibilem gloriæ coronam percipere mereantur. Per eumdem Christum Dominum nostrum, etc."

Pendant cette cérémonie leurs majestés sont restées assises sur le petit trône.

Les bénédictions faites, leurs majestés se sont rendues de nouveau au pied de l'autel, et se sont tenues debout, conduites par les officians. Le chancelier, le grand maréchal du palais, le grand chambellan, le grand écuyer, et deux chambellans ont suivi le roi à l'autel, et se sont placés derrière sa majesté. La dame d'honneur, la dame d'atours, le prince des Gonaïves, le chevalier d'honneur, le premier écuyer et le premier chambellan ont suivi la reine à l'autel, et se sont placés derrière sa majesté la reine. Toutes les autres personnes du cortége ont resté chacune à leur place.

La tradition des ornemens du roi a été faite par l'archevêque dans l'ordre qui suit :

L'épée que sa majesté a mise dans le fourreau que lui a présenté l'archevêque. L'archevêque a remis l'épée au grand chambellan, qui l'a ceinte au côté du roi.

Le collier que l'archevêque a aussi remis au grand chambellan qui l'a mis ensuite au cou du roi.

Le manteau qui lui a été attaché par le grand chambellan aidé du grand écuyer et du premier chambellan.

La main de justice, le sceptre.

Le roi, portant en ses mains ces deux derniers ornemens, a fait sa prière.

Pendant cette prière, la tradition du manteau de la reine a été faite à sa majesté par l'archevêque.

Le manteau a été attaché par la dame d'honneur, la dame d'atours, le chevalier d'honneur et le premier écuyer de la reine.

Pendant la tradition des ornemens du roi et de la reine, la musique royale a exécuté le motet suivant :

" Ave, Regina cœlorum ; Ave, Domina Angelorum ; salve, radix, salve, porta ex qua mundo lux est orta. Gaude, Virgo gloriosa, super omnes speciosa, vale, ô valdè decora, et pro nobis Christum exora.

" Inviolata, integra, et casta es, Maria. Quæ es effecta fulgida Cœli porta. O Mater alma Christi carissima, Suscipe pia laudum præconia. Nostra ut pura pectora sint et corpora, te nunc flagitant devota corda et ora. Tua per precata dulcisona, nobis concedas veniam, per sœcula. O Regina ! O Maria ! Quæ sola inviolata permansisti."

L'archevêque, à mesure que la tradition des ornemens royaux a été faite, a prononcé la prière analogue à chacun d'eux, ainsi qu'il suit :

Prière pour la Tradition de l'Epée.

" Accipe gladium de altari sumptum, per nostras manus, licet indignas, vice tamen, et auctoritate sanctorum Apostolorum, consecratas, tibi oblatum, nostræque bene † dictionis officio, in defensionem sanctæ Dei ecclesiæ divinitus ordinatum : et memor esto ejus, de quo psalmista prophetavit, dicens : *Accingere gladio tuo super femur tuum, potentissime ;* ut in hoc per eundem, vim æquitatis exerceas, molem iniquitatis potenter destruas, et sanctam Dei Ecclesiam ejusque fideles propugnes, ac protegas ; nec minùs sub fide falsos, quàm Christiani nominis hostes dispergas ; viduas et pupillos clementer adjuves ac defendas, desolata restaures, restaurata conserves, ulciscaris injusta, confirmes benè disposita : quatenùs hæc agendo, virtutum triumpho gloriosus, justitiæque cultor egregius, cum mundi Salvatore, sine fine regnare merearis, qui cum Deo Patre, et Spiritu sancto vivit et regnat Deus, per omnia sæcula, etc."

" Accingere gladio tuo super femur tuum, potentissime, et attende quod Sancti non in gladio, sed per fidem vicerunt regna."

Prière pour la Tradition du Manteau.

" Induat vos, Dominus, fortitudine suâ, ut dum vestimenti hujus splendore fulgeatis exteriùs, virtutum meritis splendeatis interiùs illius oculis, quem nec præterita fugiunt, nec futura latent, per quem Reges regnant et legum conditores justa decernunt. In nomine Patris †, et Filii †, et Spiritus † Sancti."

Prière pour la Tradition de la Main de Justice.

" Accipe virgam virtutis ac veritatis, quâ intelligas te obnoxium mulcere pios, terrere reprobos, errantes viam docere, lapsis manum porrigere, disperdere superbos, et relevare humiles; aperiat tibi ostium Jesus Christus Dominus noster, qui de semetipso ait, *ego sum ostium; per me si quis introierit, salvabitur*; qui es clavis David, et sceptrum domûs Israel, qui aperit, et nemo claudit; claudit et nemo aperit; sitque tibi ductor, qui educit vinctum de domo carceris, sedentem in tenebris et umbrâ mortis; et in omnibus sequi merearis eum de quo David propheta cecinit: *Sedes tua, Deus, in sæculum sæculi; virga directionis, virga regni tui*; et imitando ipsum, diligas justitiam, et odio habeas iniquitatem, quia propterea unxit te Deus, Deus tuus, ad exemplum illius, quem ante sæcula unxerat oleo exultationis, præ particibus suis, Jesum Christum Dominum nostrum, qui cum eo vivit et regnat Deus, per omnia sæcula sæculorum. Amen."

Prière pour la Tradition du Sceptre.

" Accipe sceptrum potestatis imperialis insigne, virgam scilicet imperii rectam, virgam virtutis, quâ te ipsum benè regas, sanctam Ecclesiam, populumque christianum tibi à Deo commissum, regiâ virtute ab improbis defendas, pravos corrigas, rectos pacifices, et, ut rectam viam tenere possint, tuo juvamine dirigas ; quatenùs de temporali imperio ad æternum regnum pervenias, ipso adjuvante cujus regnum et imperium sine fine permanet in sæcula sæculorum. Amen."

Le roi ayant reçu le sceptre s'est levé, l'a remis au grand chambellan, et la main de justice au chancelier, a pris la couronne que lui a présentée l'archevêque, avec laquelle sa majesté s'est couronnée elle-même.

Immédiatement après, la reine s'est levée, a reçu le manteau, s'est mise à genoux ; l'archevêque a présenté la couronne de la reine au roi, qui a couronné lui-même la reine ; ensuite le chancellier et le grand chambellan ont remis au roi le sceptre et la main de justice.

L'archevêque a fait les prières du couronnement ainsi qu'il suit :

" Coronet vos Deus coronâ gloriæ, atque justitiæ; honore, et opere fortitudinis, ut per officium nostræ bene † dictionis, cum fide rectâ, et multiplici bonorum operum fructu, ad coronam perveniatis regni perpetui, ipso largienti cujus regnum et imperium permanent in sæcula sæculorum. Amen."

Leurs majestés ont retourné au petit trône la couronne toujours sur la tête ; le roi ayant le sceptre et la main de justice en ses mains, et leurs majestés se sont assises un moment.

Le cortége de la reine s'est levé pour aller au grand trône ; leurs majestés se sont levées aussi ; le cortége du roi a suivi celui de la reine, celui de la reine a pris la droite, et a passé par le couloir de droite, afin d'aller prendre les places qui lui étaient destinées, et celui du ro a pris la gauche pour passer par le couloir de gauche, afin de prendre ses places; le cortége du roi a accéléré sa marche pour se trouver parallèlement avec celui de la reine. Les manteaux de leurs majestés ont été soutenus jusqu'aux derniers degrés du trône par les mêmes personnes qui étaient chargées de cet honneur.

A la porte du chœur les pages, les hérauts d'armes, les huissiers ont repris aussi leur ordre, et ont marché jusqu'au trône en bordant la haie à mesure qu'ils en approchaient; enfin l'archevêque, précédé par le maître des cérémonies et les aides de cérémonies, entouré du clergé, a suivi le roi jusqu'au grand trône.

L'archevêque, après y être monté, a fait asseoir leurs majestés, en leur adressant les paroles suivantes:

" In hoc imperii solio confirmet vos Deus et in regno æterno secum regnare faciat Jesus Christus Dominus noster, Rex Regnum, et Dominus Dominantium, qui cum Deo Patre et Spiritu Sancto vivit et regnat, per omnia sæcula sæculorum. Amen."

Après les paroles prononcées, l'archevêque a baisé le roi sur la joue, et se tournant vers les assistans, a dit à haute voix: *Vivat Rex in æternum.*

Les assistans ont crié *Vive le Roi, Vive la Reine, le Prince et la Famille Royale.*

La musique a exécuté le morceau *Vive à jamais Henry.*

Pendant ces acclamations, l'archevêque a été reconduit à son siége archiépiscopal avec son cortége, par le grand maître des cérémonies, précédé des maîtres et aides des cérémonies, des hérauts d'armes et des huissiers qui, à cet effet, ont fait une contre-marche aussitôt que l'archevêque est descendu du trône.

Les pages ont été se placer sur les marches du trône ; les places étaient disposées dans l'ordre suivant :

Le roi sur le trône, un degré plus bas, à sa droite, le prince royal.

A gauche de sa majesté, mais un degré plus bas, la reine, sur un fauteuil ; un peu plus bas, à gauche de la reine, les deux princesses royales, sur des chaises ; à leur gauche, un peu plus bas, madame Dessalines ; derrière les princesses royales, la dame d'honneur, la dame d'atours, le prince des Gonaïves, le chevalier d'honneur, le premier écuyer de la reine et les dames du palais, destinées à porter les offrandes, qui étaient les princesses du Limbé et des Gonaïves ; les duchesses de Fort-Royal et de la Grande-Rivière, et la comtesse de la Bande du Nord ; derrière ces dames, les officiers qui les accompagnaient à l'offrande, qui étaient les comtes de la Marmelade et de Cahos, les barons de Raimond et de Caze ; à droite du roi, et trois degrés plus bas, entre les deux colonnes, les princes Noël et du Limbé ; derrière le roi, le grand maréchal du palais, le comte du Mirebalais, le grand écuyers les colonels des gardes du corps et des chevau-légers du prince royal, le colonel major des gardes Haytiennes, tous les six debout ; derrière les princes, les grands officiers portant les honneurs du roi, qui étaient les ducs de Morin et de l'Artibonite, et le comte de Limonade; les grands officiers portant les honneurs de la reine, derrière sa majesté la reine, qui étaient les ducs de Port-Margot et de la Grande-Rivière, et derrière eux les comtes qui les accompagnaient. Sur le quatrième degré des marches du trône, le grand chambellan, le chancelier et le grand maître des cérémonies sur des coussins. Au pied du trône, à droite, était un tabouret sur lequel le grand maître des cérémonies se plaçait souvent, afin de surveiller plus facilement les détails de la cérémonie; derrière ce tabouret, un maître et un aide des cérémonies; derrière les aides, le roi d'armes et deux hérauts; vis-à-vis le tabouret du grand maître, un maître et deux aides des cérémonies; derrière eux deux hérauts.

L'archevêque, arrivé à l'autel, a entonné le *Te Deum*, qui a été exécuté par la musique royale, et suivi des versets et oraisons suivans :

" Firmetur manus tua, et exultetur dextera tua.

" Justitia et judicium præparatio sedis tuæ.
" Domine, exaudi orationem meam.
" Et clamor meus ad te veniat.
" Dominus vobiscum.
" Et cum spiritu tuo."

Oremus.

" Deus, qui victrices Moysis manus in oratione firmasti, qui quamvis ætate languesceret, infatigabili sanctitate pugnabat; ut, dùm Amalec iniquus vincitur; dùm prophanus nationum populus subjugatur, exterminatis aliegenis; hæreditati tuæ possessio copiosa serviret, opus manuum tuarum piâ nostræ orationis exauditione confirma: habemus et nos apud te, Sancte Pater Dominum Salvatorem, qui pro nobis manus suas extendit in cruce, per quem etiam precamur altissime, ut tuâ potentiâ suffragante universorum hostium frangatur impietas Per Dominum nostrum Jesum Christum. Amen."

Oremus.

" Deus inerrabilis auctor mundi, conditor generis humani, confirmator Imperii, qui ex utero fidelis amici tui patriarchæ nostri Abrahæ prælegisti Regem sæculis profuturum, tu præsentem insignem Regem cum consorte suâ, et exercitu, per intercessionem beatæ Mariæ semper virginis, et omnium Sanctorum, uberi bene†dictione locupleta; et in solium Imperii firmâ stabilitate connecte, visita eos. sicut visitasti Moysen in rubo, Josue in prælio, Gedeonem in agro, Samuelem in templo, et illâ eos sidereâ bene†dictione ac sapientiæ tuæ rore perfunde, quam beatus David in psalterio, et Salomon filius ejus, te remunerante percepit de cœlo. Sis eis contra acies inimicorum lorica, in adversis galea, in prosperis fascia, in protectione clypeus sempiternus, et præsta ut gentes illis teneant fidem, proceres eorum habeant pacem, diligant charitatem, abstineant se à cupiditate, loquantur justitiam, custodiant veritatem, et itâ populus iste sub eorum imperio pullulet, coalitus benedictione æternitatis, ut semper tripudiantes maneant in pace, ac victores. Quod ipse præstare dignetur, qui tecum vivit et regnat in unitate Spiritûs Sancti Deus, per omnia sæcula sæculorum. Amen."

L'archevêque a continué la messe.

A la fin de l'évangile, le grand maître des cérémonies a invité, par une inclination, le grand aumônier à se rendre à l'autel ; le grand aumônier a reçu du diacre le livre des évangiles, ensuite, accompagné du clergé, précédé par le grand maître, les maîtres et aides des cérémonies, il a porté l'évangile à baiser à leurs majestés, et l'a porté ensuite à l'autel, entre les mains du diacre, toujours accompagné de la même manière.

A l'offertoire, le grand maître des cérémonies a fait une inclination profonde à leurs majestés, pour les avertir de se rendre à l'offrande.

Madame la princesse du Limbé devant porter un cierge où étaient incrustées treize pièces d'or, ayant à côté d'elle M. le comte de la Marmelade.

Madame la princesse des Gonaïves devant porter un autre cierge avec le même nombre de pièces d'or, et ayant à côté d'elle le comte de Cahos.

Madame la duchesse de Fort-Royal devant porter le pain d'argent, et ayant à côté d'elle M. le baron de Raimond.

Madame la duchesse de la Grande-Rivière devant porter le pain d'or, et ayant à côté d'elle le baron de Caze.

Madame la comtesse de la Bande du Nord devant porter le vase, et ayant à côté d'elle le baron de Dessalines, adjudant d'armes de la capitale.

Ont quitté successivement leurs places par le couloir de droite pour prendre au bas des degrés du trône ces diverses offrandes, qui leur ont été présentées par les enfans de chœur.

Le roi et la reine ont descendu en même temps du trône ; la reine, suivie par les princesses royales qui portaient son manteau, ensuite de madame Dessalines, de la dame d'honneur, de la dame d'atours, du prince des Gonaïves, du chevalier d'honneur et du duc de la Grande-Rivière, et des quatre comtes qui les accompagnaient, a accéléré sa marche, de manière a précéder le roi au bas de l'escalier ; le roi a marché plus lentement, suivi par les dignitaires, qui soutenaient son manteau, et le grand écuyer du roi, le colonel des gardes du corps, le colonel des chevau-légers du prince royal, et le colonel major des gardes Haytiennes. Ainsi en partant du bas des degrés du trône, la marche jusqu'au chœur a été faite dans l'ordre suivant :

Le roi d'armes, les hérauts d'armes, les huissiers, les pages, les aides des cérémonies, les maîtres des cérémonies, le grand maître des cérémonies, les offrandes, les dames sur deux de front.

La reine suivie ainsi qu'il est dit.

Le roi, le prince royal et la suite de sa majesté.

En approchant de la porte du chœur, les mêmes personnes qui dans la première marche avaient bordé la haie, l'ont bordée encore ; leurs majestés, avec le reste du cortége, ont continué leur marche jusqu'au pied de l'autel.

Le roi, et la reine à sa gauche, se sont mis à genoux sur des coussins ; les personnes qui portaient les offrandes se sont rangées à leur droite et un peu en arrière en bordant la haie ; le grand maître, un maître et un aide des cérémonies à droite ; un maître et un aide des cérémonies à gauche ; les grands dignitaires et les princesses en entrant dans le sanctuaire ont cessé de soutenir les manteaux de leurs majestés, et ont été prendre dans le sanctuaire la place qu'ils occupaient pendant les cérémonies du sacre et du couronnement. Arrivé à l'autel, le roi a remis son sceptre et la main de justice au chancelier et au grand chambellan, qui ont resté à droite près de l'autel. Leurs majestés, la couronne sur la tête, ont pris les offrandes dans l'ordre indiqué pour la marche, des mains des dames qui les portaient, et les ont présentées à l'archevêque ; alors le grand chambellan a remis au roi le sceptre, le chancelier la main de justice ; ces deux officiers ont retourné à leurs places, et les officiers et dames qui portaient les offrandes, après les avoir remises, ont aussi retourné à leurs places au grand trône, leurs majestés ont été s'asseoir sur le petit trône ; et un moment après en sont reparties successivement comme ci-dessus pour retourner au grand trône.

L'archevêque a continué la messe.

A l'élévation, leurs majestés étant toujours sur le grand trône, le grand chambellan a ôté la couronne du roi, et la dame d'honneur et M. le duc du Port-Margot celle de la reine. Leurs majestés se sont mises à genoux.

A l'*Agnus Dei*, le diacre a été recevoir le baiser de paix de l'archevêque, *cum instrumento pacis*, et l'a porté à leurs majestés.

La messe a continué.

La messe finie, le grand aumônier, averti par le grand maître des cérémonies, a apporté de nouveau au roi le livre des évangiles, et s'est tenu debout à droite de sa majesté.

Le chancelier, le ministre de la justice, le comte de Richeplaine, procureur général, les procureurs du roi, le baron d'Isaac, sénéchal de la capitale, les doyens des tribunaux civils et de commerce du royaume, ont apporté à sa majesté la formule du serment constitutionnel. Après le lui avoir présenté, ils se sont rangés à la gauche du trône, sur les premières marches, le grand maître des cérémonies se tenant de l'autre côté de l'escalier vis-à-vis le chancelier.

Le roi assis, la couronne sur la tête et la main levée sur l'évangile, a prononcé le serment en ces termes :

" Je jure de maintenir l'intégrité du territoire et l'indépendance du royaume ; de ne jamais souffrir, sous aucun prétexte quelconque, le retour de l'Esclavage ni d'aucune mesure féodale contraire à la liberté et à l'exercice des droits civils et politiques du peuple d'Hayti ; de maintenir l'irrévocabilité des apanages et ventes des biens du Royaume ; de gouverner dans la seule vue de l'intérêt, du bonheur et de la gloire de la grande famille Haytienne, dont je suis le Chef."

Ce serment prononcé, le roi d'armes, averti par l'ordre du grand maître des cérémonies, a dit d'une voix forte et élevée, *Le très-grand, très-auguste roi HENRY, roi d'Hayti, est couronné et intronisé. Vive le Roi !*

Les cris de vive le roi, vive la reine, vive le prince royal et la famille royale, se sont fait entendre de toutes les parties de l'église.

Au moment des cris de vive le roi, ceux qui portaient la formule du serment se sont retirés à leurs places respectives.

Une décharge d'artillerie, tirée du Champ de Mars, a annoncé le couronnement et l'intronisation de leurs majestés.

Alors le clergé est revenu au pied du trône avec le dais pour reconduire leurs majestés.

Au même instant le cortége s'est mis en marche dans le même ordre qu'il était venu, pour retourner à la tente royale.

Leurs majestés ont descendu de leur trône, suivies par les princes et dignitaires, qui portaient leur manteau, et par les grands officiers, qui les suivaient en venant de l'église ; leurs majestés se sont placées sous le dais, et lorsqu'elles sont sorties de la nef, les ministres et les autres officiers ont repris pareillement leurs rangs dans le cortége, et ont retourné à la tente royale.

Ainsi ont eu lieu les plus solennelles, les plus majestueuses et les plus magnifiques cérémonies qui se soient jamais vues à Hayti ! L'étonnement, l'admiration qu'elles ont imprimés dans l'âme des étrangers et des nationaux qui y étaient présens, étaient égales à leur éclat, à leurs beautés sublimes ! Elles leur ont donné l'idée la plus avantageuse de notre caractère, en leur montrant la consolidation de nos institutions, en même temps qu'elles ont prouvé au peuple, combien est digne de régner ce mortel chéri du ciel, ce présent que la bonté divine a fait à l'heureuse Hayti, pour relever sa nation et lui assigner la place qu'elle doit avoir parmi les peuples policés ! De cette époque fortunée datera le bonheur d'Hayti; plus d'incertitudes, plus de craintes : un ordre admirable de choses nous prépare un avenir heureux et à notre postérité !

Combien leurs majestés dûrent-elles être touchées de ces preuves d'amour que le peuple leur a prodiguées à leur passage, de cette foule de citoyens de tous états, de tout âge et de toute condition, qui se pressaient pour jouir de leur vue; de ces cris d'amour et de ces applaudissemens portés jusqu'aux cieux ! J'ai vu des citoyens de toutes les professions pleurer de sensibilité et d'attendrissement, et ces larmes délicieuses coulaient aussi des yeux des militaires qui étaient présens au sacre et au couronnement de leurs majestés.

À deux heures de l'après-midi, trois tables de deux cents couverts chaque, sont dressées dans la cour du jardin des casernes des chevau-légers, sous des tonnelles de feuillages préparées à cet effet.

La première pour l'ordre de la noblesse, MM. les Députés espagnols, MM. les Capitaines des bâtimens de S. M. Britannique, mouillés dans le port, et MM. les Commerçans étrangers.

La deuxième pour MM. les Membres des tribunaux de justice, d'administration et officiers des compagnies de police en députation, appelés pour les cérémonies du couronnement.

La troisième pour les officiers de l'armée venus aussi en députation.

L'on n'était pas encore au milieu du repas, qu'on annonce leurs majestés. Les cris de vive le roi, la reine, le prince et la famille royale, retentissent de toutes parts.

Leurs majestés le roi, la reine, le prince royal et les personnes de leurs maisons qui les accompagnaient, parcoururent les allées des tables. L'air de grandeur répandu sur leurs augustes personnes, leur démarches noble et majestueuse est tempérée par le sourire de l'affabilité qui se peint dans leurs traits; ils jouissent du plaisir que procure leur présence, et de la joie qui anime tous les convives. La musique, à leur arrivée, exécute ce morceau sentimental, *Où peut-on être mieux, qu'au sein de sa famille*; c'était en effet le père, la mère et le fils aîné de la famille qui venaient voir les fragmens réunis de la grande famille Haytienne, et jouir de leur triomphe sur tous les cœurs, par les tendres liens de l'amour et de la reconnaissance!

Leurs majestés s'asseoient un moment à la place qui leur avait été préparée, et invitent tout le monde à continuer. Le capitaine Douglas, de la frégate de S. M. Britannique le Rendear, saisit l'heureuse circonstance de la présence de leurs majestés, pour porter la santé du roi, qui est accueillie par un triple huzza.

Sa majesté fit répondre de suite par ce toast : *A son cher frère le Roi Georges III, que le digne arbitre de l'Univers conserve ses jours; qu'il oppose un obstacle invincible à l'ambition effrénée de Napoléon, et qu'il soit toujours le constant ami d'Hayti !*

Ce toast est couvert de vifs et de bruyans applaudissemens, et salué d'un triple huzza et de l'air si chéri de la nation anglaise : *God save the King.* Après les santés de sa majesté la reine, du prince, des princesses et de la famille royale d'Hayti, on remarqua celle-ci, portée par M. le commandant espagnol Dom Raphael de Villars : *A l'union, à l'amitié, à la fraternité qui doivent unir à jamais tous les Haytiens !*

Leurs majestés se lèvent, et l'instant de leur départ est suivi par des cris de vive le roi, la reine, le prince et la famille royale.

Pendant ce repas de famille, d'autres, non moins intéressans, se donnaient dans les différentes casernes des troupes, où la gaieté et la fraternité présidaient. D'immenses chaudières avaient été montées dans les casernes; des bœufs, provisions et boissons distribués à chaque régiment. Le soldat célébrait à sa manière le couronnement de leurs majestés.

Les officiers levés de table montent à cheval. MM. les Etrangers se réunissent à eux, précédés par la musique de la capitale et de celle des régimens ; ils font une promenade militaire par toute la ville; la joie, l'ivresse du plaisir les accompagnent. Cette superbe cavalcade se faisait remarquer par la beauté des costumes, des coursiers et de leurs enharnachemens. Les cris de vive le roi, la reine, le prince et la famille royale les suivent. Les officiers, les hérauts d'armes jettent au peuple, qui se presse sur leurs pas, de l'argent en abondance. Ce métal ne pouvait être mieux prodigué que dans cette occasion, que le souverain ne laissa pas échapper, pour prodiguer ses largesses et ses libéralités à son peuple.

Tandis que cette joyeuse cavalcade parcourait les rues de la capitale, un grand concours de peuple affluait sous les fenêtres du palais de leurs majestés et sur la place d'Armes. Là on exécutait des danses de mille manières, qui toutes étaient animées par la gaieté que de nouvelles et abondantes jetées d'espèces excitaient encore.

Le soir leurs majestés se rendent au spectacle. L'ouverture est faite par le chant inaugural suivant, de la composition de M. le comte de Rosier.

CHANT INAUGURAL.

Où courent ces vieillards, ces naissantes familles ?
Où volent ces époux, ces femmes et ces filles ?
  Pour qui brillent ces étendarts ?
  Au bruit de la foudre de *Mars*,
  Répond une voix solennelle.
Des clairons et des cors les sons retentissans,
Annoncent qu'à la nuit *Aurore* se révèle,
Et déjà de *Phébus* les coursiers hennissans
Se hâtent d'éclairer cette pompe nouvelle.
  Hayti ! sors de tes débris !
  Lève ta tête radieuse !
Les temps sont arrivés ; des célestes lambris
Descend sur tes enfans la faveur glorieuse,
Et de HENRY le trône est à jamais fondé :
Des flots d'un peuple ému le temple est inondé ;
D'encens et de parfums s'emplit le sanctuaire,
L'indépendance voit couronner son héros ;
Le ciel s'ouvre... et les vœux de ce peuple nouveau
Ont monté vers le Dieu sous qui tremble la terre.
  De ces climats libérateur
HENRY, reçois le prix de ta rare vaillance !
  Et que la paix et l'abondance
Ornent de tes exploits le cours triomphateur !
  Et toi, qui souris à ma verve,
  Toi ! qui protéges nos destins
  De ces lieux auguste *Minerve !*
Seconde de HENRY les généreux desseins !
Des sciences, des arts applanis les chemins !
C'est pour eux que le ciel te tenait en réserve.

Quel prestige flatteur enchante mes regards?
Suis-je donc au pouvoir de l'empire des *Fées*?
Quoi? rangés en faisceaux de glorieux trophées
Entourent les autels du noble fils de *Mars!*
  Et d'harmonieux coryphées
Répètent les travaux, son nom, de toutes parts!
Les voilà! ces drapeaux, ces enseignes sanglantes,
Ces guidons orgueilleux que ses mains triomphantes
Ont conquis sur l'effort des aigles consternés!
Les voilà! ces hochets de l'antique esclavage
  Que son rare courage
A brisés sur le front des tyrans prosternés!
Je vois, je reconnais ces lambeaux magnifiques
Qu'aux combats ont ravis nos bandes héroïques!...
A cet aspect, frappé d'un silence éloquent,
Tout un peuple se livre aux pleurs du sentiment;
Et jusqu'aux fiers lions, dont la queue adoucie
  Mollement se replie,
Tout palpite et transit d'un doux frémissement.
Que sont donc devenus vos prodiges antiques?
Héros grecs et romains!... Que servent vos renoms?
Des enfans d'Hayti les âmes énergiques
Ont terni votre gloire, ont éclipsé vos noms...
  Déjà le divin ministère
A de l'hymne sacré terminé les accens,
Et porté vers les cieux nos souhaits, notre encens:
  HENRY, notre roi, notre père,
   A prêté le serment sacré
   Sur lequel notre espoir se fonde!
Complétant son triomphe, un couple révéré
   A fait celui du nouveau monde,
Et les bords Haytiens avec eux ont juré.

Soleil ! fixe un instant ta carrière rapide !
  Minerve va monter
Au rang que lui destine un mortel intrépide,
Au trône où ses vertus ont droit de la placer !
  Arrête pour la contempler...
Mais de cet astre en vain les couleurs pâlissantes
Aux ombres de la nuit ont cédé ce climat ;
Mille masses de feux au loin resplendissantes,
Cent chiffres étoilés, cent devises brillantes,
Emblèmes enflammés de ce naissant état,
Etalant à nos yeux leurs scènes éclatantes
Du jour qui nous échappe ont surpassé l'éclat.
Chantres mélodieux de ces rives nouvelles,
Sur la harpe, aux doux sons, en sublimes accords,
Célébrez de ce jour les pompes immortelles !
Un autre Jupiter inspire vos transports.
Qu'il vive, ce guerrier chéri de la victoire !
Que *Pallas* embellisse et ses jours et sa gloire !
Qu'en ce jeune héritier de son suprême rang,
Du premier des HENRY retrouvant le courage,
Nos neveux d'un héros reconnaissent le sang,
Adorent les vertus et caressent l'image !
Tandis que du dauphin les deux aimables sœurs,
Aujourd'hui de la cour ornemens enchanteurs,
Pour des tendres époux, fixeront sur leurs traces
Les ris, l'amour, les jeux, les plaisirs et les grâces.
Et vous fiers ennemis de nos droits triomphans,
Abjurez vos erreurs ! renoncez à ces plans
Qu'enfantent les venins d'une rage inutile !
Que peuvent désormais vos accès impuissans
Sur l'auguste rocher qui supporte cette île ?
Contre Neptune en vain s'irritent les Autans ;
Un regard de ce dieu rend la mer immobile.

Après le chant inaugural, l'on donna la Partie de Chasse d'Henry IV, de ce bon roi dont l'histoire a consacré les vertus, et qui ont tant de ressemblance avec celles de notre Henry, ensuite le Siècle de Rhée, petite pièce de circonstance, vint embellir la scène et rendre hommage à la gloire de leurs majestés. Parmi les couplets, qui tous nous ont paru également bien faits, nous citerons ceux-ci, qui ont été vivement applaudis :

>Ce qu'HENRY désirait faire
>Le nôtre l'accomplira,
>Chaque pauvre mercenaire
>Dans son pot la poule aura.
>Chacun sera philantrophe,
>Ami de l'humanité ;
>On verra toute l'Europe   ⎫
>Rechercher notre amitié.   ⎬ Bis.

>Loin de Hayti les larmes,
>Nos malheurs sont à leur fin,
>Sous un tel roi plus d'alarmes,
>Notre bonheur est certain,
>Que notre ange tutélaire,
>MARIE, idole des cœurs,
>Recueille enfin le salaire   ⎫
>De ses touchantes faveurs.   ⎬ Bis.

Le spectacle terminé, leurs majestés se rendent dans leur palais, et jouissent de la vue du coup-d'œil de l'illumination de la capitale et du

Y

feu d'artifice préparé sur la place d'Armes, représentant un soleil avec les chiffres entrelacés du roi et de la reine. Un concert se fait entendre, des danses publiques, prolongées bien avant dans la nuit, terminent ce jour fortuné, d'éternelle mémoire !

Le bon ordre et la tranquillité qui ont régné ne peuvent être comparés qu'à la joie du peuple, et sont dûs aux soins de messeigneurs les ducs de la Grande-Rivière, de Fort-Royal, et de M. le comte de la Bande du Nord, gouverneur de la capitale.

Deuxième Journée des Fêtes du Couronnement.

Animés d'un sentiment pieux, ces mêmes officiers et fonctionnaires publics, après avoir couronné Henry, se réunissent en corps, pour offrir dans le temple de l'éternel leurs vœux pour le bonheur de leurs majestés, et prier le suprême arbitre des destinées, le dispensateur des couronnes, de répandre ses bénédictions sur le règne de leurs majestés.

Au sortir de la messe, c'est un besoin pour leurs cœurs généreux de féliciter leurs majestés ; ils se rendent dans le même ordre au palais de leurs majestés. Introduits dans la salle du trône, et annoncés par le grand maître des cérémonies, leurs majestés se rendent à leurs désirs, et assises sur le trône, la couronne en tête, ils eurent l'honneur de porter leurs respects aux pieds de leurs majestés.

Sa grâce monseigneur l'archevêque, duc de l'Anse, s'avance et s'exprime ainsi :

" Sire,

" Par mon organe, le clergé de votre capitale vous présente l'hommage respectueux de son parfait dévouement ; il vous félicite de votre heureux avénement au trône héréditaire d'Hayti. Ah ! qu'il est beau, le magnifique, le nouveau spectacle de piété que vous avez donné hier à votre peuple, à vos alliés et aux étrangers ; je parle de votre sacre, de votre couronnement.

" Haytiens voilà votre roi ! il est l'oint du Seigneur ; sa personne est sacrée ! Pour nous, Sire, nous nous ferons toujours un devoir et une gloire d'annoncer au peuple confié à nos soins, qu'il vous doit amour, soumission et reconnaissance ; que vous étiez son père avant d'être son roi. Notre conduite, toujours en mesure avec les lois les plus strictes de la morale ; nos exemples, nos discours, lui annonceront qu'un bon roi est un présent du ciel, et qu'il doit sans cesse remercier la divine Providence qui vous a chargé de sa conduite et de son bonheur. Vous êtes le restaurateur et le défenseur de la religion. Déjà vous avez donné à votre peuple des lois sages ; vous allez encore les améliorer ; vous lui donnerez incessamment la paix, après laquelle il soupire depuis si long-temps ; vous maintiendrez dans l'intérieur le bon ordre et la tranquillité ; vous donnerez à votre royaume le plus haut degré de gloire et de splendeur. Nous ne cesserons d'invoquer le ciel pour la conservation de vos jours précieux. Ces sentimens sont profondément gravés dans nos cœurs ; quelle douce jouissance pour moi de vous en présenter aujourd'hui le témoignage ?

" Et vous, Madame, conservez nous ce bon roi, adoucissez le pesant fardeau que notre amour et notre reconnaissance lui ont imposé ; faites toujours son bonheur et le nôtre ; formez, à votre exemple, vos aimables enfans, ils sont notre amour et notre espoir, et vous doublerez vos droits à notre reconnaissance.

Sa Majesté a fait la réponse suivante :

" Monsieur l'Archevêque, j'agrée les vœux et les félicitations que le clergé de ma bonne ville du Cap Henry me fait à l'occasion de mon sacre et de mon couronnement. Je connais son zèle pour ma personne, et le vôtre particulièrement. Vous pouvez tous compter sur ma bienveillance. Eclairez mon peuple ; faites-lui aimer et chérir notre sainte religion, dont vous êtes les dignes ministres ; car vous savez que la restauration des mœurs peut seule le rendre heureux."

Monseigneur le prince des Gonaïves s'est approché, et s'est exprimé en ces termes :

"Sire,

"Vos fidèles sujets, vos dévoués officiers, s'empressent de féliciter votre majesté, et de lui renouveler leurs vœux pour la gloire de son règne et sa prospérité, à laquelle est attachée celle de l'état. Vos victoires, vos hautes qualités, votre courage, et cet assemblage étonnant de vertus qui distinguent votre majesté, ont aggrandi le cercle de nos connaissances, et donné aux étrangers l'idée la plus grande du nom haytien. Continuez, Sire, vos hautes destinées, il est réservé au génie de votre majesté de consolider l'œuvre de l'indépendance de notre patrie, et de fixer le bonheur dans son sein.

"Votre fils marchera sur vos glorieuses traces. Instruit dès son enfance de la connaissance des hommes et des affaires, et formé de bonne heure à votre école, il imitera les vertus de ses augustes parens, et sera le plus ferme soutien de votre gloire et de celle de la patrie."

Sa Majesté a répondu :
" Les sentimens que vous venez de me té-

moigner au nom de mes officiers, m'ont fait infiniment de plaisir. J'aime à retrouver en eux les marques de ce dévouement qu'ils n'ont cessé de me donner depuis que j'ai le bonheur de les commander. Mon fils pensera comme moi, et n'aura qu'une volonté, celle du bonheur d'Hayti ; il se montrera digne de ce que la nation a fait en sa faveur, et sera toujours le premier soldat de l'armée."

M. le comte de Terre-Neuve, ministre de la justice, a dit :

" SIRE,

" Elle est bien imposante cette solennité, qui donne occasion de rassembler dans cette honorable enceinte toutes les autorités administratives, judiciaires, et militaires des armées de terre et de mer du royaume.

" Quel tableau plus agréable aux yeux de la Divinité ! Quoi de plus majestueux, de plus sublime, de plus digne de l'admiration des mortels, que la touchante réunion de tous les cœurs, de tous les bras, enfin de ce que le royaume a de plus respectable ; de ces intègres magistrats, qui dédaignant de rien faire pour eux-mêmes, font tout pour le bien public ? De ces fidèles administrateurs, qui surveillent d'une manière si honorable la rentrée des revenus de l'état :

De ces valeureux guerriers encore couverts d'honorables cicatrices, des blessures reçues en défendant la cause sacrée de la liberté et de l'indépendance, réunis sous les yeux et l'égide tutélaire de notre bien-aimé et invincible monarque, pour lui renouveler le serment de fidélité à la face du ciel et de la terre, à la constitution et à la patrie, qu'ils ont déjà fait entre les mains de celui qui les a conduits tant de fois à la victoire ?

" Concitoyens, le jour à jamais mémorable du 26 Mars, de cette glorieuse année, sera gravé en lettres ineffaçables dans les annales de notre histoire, et dans tous les cœurs haytiens ; c'est dans ce jour que le peuple a manifesté sa volonté en déterminant que le diadême serait posé sur le front de l'intrépide guerrier qui a su maîtriser le sort, et fixer à son char les destinées de la nation.

" C'est ce jour où il fut résolu que la continuation de l'attribut de la justice serait solennellement déféré au protecteur de la morale, des lois et de la religion.

" C'est ce jour enfin qu'il fut irrévocablement arrêté que le sceptre serait confié à cette main prudente et redoutable, qui en même temps qu'elle trace un plan de campagne qui va dérouter les conceptions de l'ennemi, rédige, pour les diverses classes de la société, les réglemens les plus sages, les plus avantageux.

" Qu'il fut grand, qu'il fut sublime et imposant tout à la fois, cet élan du peuple haytien, semblable, si je puis m'exprimer ainsi, à cet instant où l'éternel dit : Que l'univers soit créé, et l'univers naquit du chaos.

" Ce peuple jadis trop infortuné, fit entendre sa voix souveraine, et dit : Qu'Henry soit proclamé et reconnu roi d'Hayti, que la puissance royale soit héréditaire dans sa famille, et que ses descendans, nourris, imprégnés de ses leçons, fassent notre bonheur comme leur père fait notre félicité ? Eh, qui est plus digne en effet de conduire dans le port le vaisseau de l'état, tant tourmenté par les tempêtes révolutionnaires, si ce n'est le grand homme évidemment protégé par la Providence, et que nous avons choisi pour nous gouverner ?

" Lui seul, oh ! mes concitoyens ! est capable de faire notre bonheur, d'affermir notre liberté, de nous faire respecter au-dehors, et d'inspirer chez l'étranger étonné, l'honneur du nom haytien.

" A peine entré dans la carrière de la civilisation, nous y avons fait des pas de géans ; désormais rien ne nous est plus étranger ; nos mœurs, nos usages, nos lois, perfectionnés, basés sur le modèle de ceux des états les plus policés, deviendront comme nous-mêmes, plus parfaits de jour en jour. Bientôt les étrangers, les commerçans, attirés par la douce influence de ces fortunés climats, chercheront avec étonnement la trace de ces hommes foulés naguères sous le joug d'un honteux esclavage, et s'écrieront dans la surprise et l'admiration : Il n'est que le seul amour de l'aimable liberté, qui puisse avoir opéré de tels prodiges ; ils ne pouvaient naître que sous le gouvernement d'un Henry.

" Concitoyens de toutes les classes de la société ; agriculteurs, énorgueillissez vous de votre état, c'est le premier, le plus noble, c'est celui qui nourrit l'homme, c'est de votre sein que nous tirons ces valeureux guerriers qui défendent la patrie, et dont la renommée a déjà publié les hauts faits ; livrez-vous avec plus de courage encore à vos travaux agrestes. La fondation de la monarchie doit exciter vos louables efforts ; vos riches denrées continueront à répandre sur votre état l'aisance et la prospérité. Le gouvernement a les yeux fixés sur vous ; vous êtes l'objet de ses plus tendres sollicitudes.

" Magistrats, destinés par état à faire aimer et chérir notre commune patrie, le code de lois qui va assurer notre existence civile, est une des grandes pensées du monarque, et ne tardera pas à paraître. Là, tous vos devoirs, les droits des citoyens sont tracés en traits sublimes, d'une manière claire et précise, comme la loi même, dont vous êtes les organes.

" Administrateurs des finances, vous qui secondez si bien les intentions de notre souverain, continuez de mieux en mieux, de répondre à la confiance dont vous êtes environnés. Un auteur célèbre l'a dit : Il n'y a qu'une bonne administration qui puisse sauver Hayti, et cette vérité n'a pas échappé à la pénétration de sa majesté. Aussi l'a-t-il fait et la fait-il mettre à exécution.

" Commerçans, étrangers et Haytiens, continuez à étendre vos spéculations ; que la bonne foi cimente toujours vos relations. La protection dont vous jouissez, celle que le gouvernement compte vous donner encore, porteront vos fortunes au plus haut degré de splendeur.

" Militaires de tous grades et de toutes armes, soldats de la liberté, vous qui avez conquis le sol de notre pays, et l'avez ravi à la barbarie de nos tyrans ; comparez, et votre état et votre situation actuelle, aux privations en tout genre que vous avez dû nécessairement supporter pour parvenir au point où nous sommes. Quoi de plus noble, de plus beau, de plus grand, que de défendre la patrie et de se dévouer à son service ? Des mêmes mains avec lesquelles vous avez chassé, vous avez poursuivi nos oppresseurs, vous protégez vos concitoyens ; rappelez-vous sans cesse que les armes que vous portez ne vous sont confiées que pour défendre les personnes et les propriétés ; en continuant, vous aurez la bénédiction du ciel, du roi et de vos concitoyens ; votre état, votre situation seront toujours l'objet de la sollicitude de leurs majestés. Renouvelez donc avec moi, aux pieds du trône, le serment de vous dévouer au service du royaume et à la conservation de son territoire à la défense du roi notre maître et de la famille royale, des lois et constitutions du royaume, enfin de concourir de tout notre pouvoir, au maintien de la liberté et de l'indépendance, sur les colonnes desquelles seront désormais gravés ces mots : *Gloire, amour de la patrie et immortalité d'HENRY.*

" Que nous reste-t-il à désirer, si ce n'est que tous les membres de la famille haytienne, renonçant pour toujours à tout esprit de haine, de discorde, d'animosité, se rallient autour de la majesté souveraine, et environnent de leurs rayons l'astre qui se lève pour éclairer la félicité du nouveau monde, et ne pensent qu'à se prémunir contre les embûches de nos ennemis et à chercher les moyens de les vaincre ?

" Heureux de vivre sous les auspices de Henry; glorieux d'être comptés au rang de ses fidèles sujets, nous nous écrierons dans l'ivresse de la joie, dans les transports d'amour et d'enthousiasme, Henry, Marie-Louise, couple heureux, couple fortuné, que vos noms chéris, portés sur les ailes de l'amour et de la reconnaissance, passent à la postérité la plus reculée.

" Vive le Roi !
" Vive la Reine !
" Vive le Prince Royal !
" Vivent les Princesses Royales !"

Réponse du Roi au discours du ministre de la justice :

" Messieurs de la Justice,
" Je suis extrêmement sensible aux témoignages d'amour et de respect que vous venez de me donner. Le bonheur de mon peuple a toujours été l'objet constant de mes plus chères sollicitudes et mon unique pensée. J'attends donc de vous que vous continuïez à dispenser la justice avec l'équité qui vous caractérise, et à faire aimer et chérir mon gouvernement."

M. le comte d'Ennery, au nom de la noblesse, s'est avancé vers Sa Majesté la Reine, et lui a dit :

" MADAME,

" Les vœux du peuple et de l'armée sont exaucés. Votre auguste et cher époux, notre bien-aimé souverain, est enfin assis sur ce trône où nos cœurs l'avaient placé depuis long-temps, et à ses côtés nous vous apercevons avec attendrissement, ainsi que son cher fils le prince royal et vos aimables enfans, la gloire et l'ornement du trône. Cette glorieuse époque sera à jamais fameuse dans les annales de notre histoire. Du règne d'Henry datera celui de la naissance des arts, de la civilisation et de l'urbanité haytienne. Les femmes, ces aimables compagnes de nos travaux, de nos peines et de nos plaisirs, vont désormais être appréciées comme elles le méritent ; les honneurs, les considérations leur sont partagées ; elles seront honorées comme elles doivent l'être. La chevalerie établie par Henry fera revivre aussi la courtoisie, et tous les sentimens nobles et délicats qu'elle enfante."

Sa Majesté a répondu :

"Je suis infiniment flattée des marques d'attachemens que vous me témoignez. Mes devoirs les plus chers seront toujours de contribuer au bonheur de mon époux, d'élever mes enfans pour la patrie, et de les rendre dignes de commander des Haytiens !"

Ces discours terminés, leurs majestés descendent du trône, et rentrent dans leurs appartemens, et les officiers se retirent le cœur pénétré d'amour et d'admiration pour leurs souverains :

Le soir une illumination générale et des bals eurent lieu par toute la ville.

Troisième Journée des Fêtes du Couronnement.

Sa majesté la reine voulut donner une fête aux épouses des dignitaires et à celles des autres membres de la noblesse. Sa majesté les convoqua dans son palais. Jamais réunion ne fut plus belle et plus enchanteresse ; c'était les grâces, l'amabilité, la douceur, fêtées par la beauté et la bienfaisance. Quel goût! quel art! quelle recherche ! quel luxe ! mêlés avec une élégante et modeste simplicité dans la parure de ces aimables Haytiennes. L'on croyait être à la cour de Cypris ; c'était le triomphe de Marie-Louise, reine des grâces comme celle des cœurs.

A l'heure du midi, un repas, élégamment servi de tout ce que l'art peut inventer de plus délicat et de plus délicieux, est offert à ces dames ; elles prennent place, la reine apparaît au milieu d'elles. Sa majesté dépose l'étiquette des cours pour jouir des tendres épanchemens et des témoignages d'amour, de respect et d'amitié qu'on lui prodigue à l'envi; à ses côtés sont ses deux aimables enfans, la gloire d'Hayti et l'orgueil de leur mère. Dans leurs physionomies se mélangent les traits nobles de leur auguste père, tempérés par la bonté de leur respectable et tendre mère. Leur air, leur taille élégante décelent leur rang et leur qualité; elles étaient dignes de naître auprès d'un trône.

Au dessert, le roi apparaît. Sa présence est un surcroît de gaieté; mais ces dames lui exposent qu'il ne commande pas ici; qu'il est soumis aux ordres de la reine qui règne dans ces lieux, et qu'il doit obtenir son approbation avant de prendre place. La permission accordée, le monarque se prêtant à leurs jeux, s'asseoit, et devient tour à tour l'objet de leurs agaceries, auxquelles il répond avec sa courtoisie, sa politesse et son urbanité accoutumées.

Ce jour se trouvait heureusement l'anniversaire de la naissance du vertueux et incorruptible monarque anglais, de ce sage Nestor de son siècle. Les sujets britanniques et les Haytiens s'empressèrent de le fêter. Les bâtimens britanniques, mouillés en rade, firent un salut royal, et pavoisèrent leurs bords. Les forts et les bâtimens haytiens rendirent le salut pour honorer un souverain qui s'est toujours montré l'ami d'Hayti, et qui a des droits à l'amour et à la vénération des Haytiens.

Le soir sa majesté la reine donna un bal à la comédie, qui avait été préparée à cet effet. MM. les Capitaines anglais et Négocians étrangers furent invités. La salle était de plain-pied avec le théâtre. Les loges étaient décorées avec un goût et une recherche exquise; des couronnes et des guirlandes de feuillages et de fleurs embaumaient l'enceinte. Les chiffres du roi et de la reine se dessinaient agréablement dans de superbes cartouches, et au bas des devises ingénieuses; au-dessous de celui du roi, on lisait:

Du guerrier généreux le trône est l'héritage.
C'est le glorieux prix d'un cœur pur et loyal;
Le sort toujours sourit aux talens, au courage.
Qui sauve son pays, touche au manteau royal.

Sous celui de la reine;

Lorsqu'un sort glorieux te place au rang suprême,
Il apprête à nos jours des nœuds tressés de fleurs;
Il manquait à son front l'éclat du diadême:
Mais dès long-temps son trône était dans tous les cœurs.

Des draperies magnifiques parsemées d'étoiles et de phénix; des lustres, des glaces, réfléchissaient la lumière de mille manières et sous mille couleurs différentes. L'on eût dit être dans le temple de la féerie ! Mais tout à coup les sons de la musique guerrière ont fait place à ceux plus tendres et plus doux d'une agréable symphonie. Quel joli essaim de beautés folâtrent agréablement. A peine elles effleurent le sol, tant leurs danses sont légères, animées ! Que d'attraits ! Comme on apercevait avec plaisir ces groupes charmans, ces guerriers haytiens, aussi polis que braves, s'empressant de faire les honneurs de la fête avec ce goût, cette politesse délicate qui caractérisent l'homme policé !

Quatrième Journée des Fêtes du Couronnement.

Dans l'intervalle du repos que laissaient les fêtes, et pour se préparer à celle qui devait avoir lieu le lendemain, un seul concert fut commandé au palais.

Dès les cinq heures du soir, les artistes réunis au palais de leurs majestés dans la salle d'Apollon, leurs majestés le roi, la reine, leur famille, et toutes les personnes invitées; madame la comtesse de Rosier et mademoiselle Mells, chantèrent la cantate suivante, que nous devons aux talens de M. le comte de Rosier.

CANTATE.

La Ville du Cap-Henry.

Quels accens tout à coup ont charmé mon oreille?
Quels concerts! quels transports! et de quelle merveille
  Se sont embellis ces climats?
Quoi! de l'airain tonnant les échos moins barbares,
Aux trompettes, aux cors, aux clairons, aux fanfares,
  Mêlent leur imposant fracas!

Chœur général.

 Veillons-nous? ou l'erreur d'un songe
 Des prestiges d'un doux mensonge
A-t-il flatté nos sens et bercé nos esprits?
 Non: du dieu *Mars* c'est l'immortelle fille
Qui, fixant pour jamais le trône en sa famille,
 Brille à nos regards attendris!

Le Génie d'Hayti.

Hayti! tressaille d'ivresse;
Un héros, l'exemple des rois,
A ton nom son lustre intéresse,
Et pour consolider tes droits
Son bras a passé sa promesse.
A chanter ses fameux exploits,
Si la messagère aux cent voix,
Consacre et son temps et sa gloire,
De *Clio* le sublime emploi
Les grave au temple de mémoire.

Chœur général.

De l'orgueil l'outrage sanglant
Flétrit notre vertu première ;
De l'hydre, HENRY triomphant,
Nous ouvre une noble carrière.

Le Génie des Arts.

De Thémis le sceptre abattu,
D'une main vigoureuse implorait l'assistance ;
Soudain par HENRY combattu,
Des lois le vice a connu la puissance.
Il dit, au même instant d'audacieux vaisseaux,
Défiant la fortune et les vents et les flots,
En longs sillons d'écume ont dessiné leur route ;
Il veut, et d'un sommet voisin du firmament,
S'élève par enchantement
L'arsenal du dieu *Mars* vers la céleste voûte.*

Le Génie d'Hayti.

La Discorde sifflait : des lions furieux
La crinière agitée en pointes se hérisse,
Aussitôt le monstre odieux
Rentre en l'infernal précipice.

Chœur général.

Ainsi brille au travers des ombres de la nuit
D'un météore vain l'amorce passagère ;
Mais du jour le rayon qui luit
Chasse la vapeur mensongère.

---
* **La citadelle Henry.**

La Marine.

Au reflet de nos pavillons,
Du fond de vos grottes humides
Sortez aimables *Néréides*;
Admirez nos hardis sillons.

Les Néréides.

Jamais des princes grecs l'impétueuse élite,
Voguant vers la Colchide, où l'entraînait Jason,
En bravoure, en mérite
N'eût souffert la comparaison;
Tel ne parut le fils d'Anchise,
Alors qu'aux champs rutuliens
Abordant pour former de superbes liens,
Des siens il sut fonder la gloire tant promise.
HENRY parle, et soudain les eaux
Se courbent, à sa voix, sous des maîtres nouveaux;
Frappés de tant d'éclat, les sujets de Neptune
Du vaste sein des mers désertent le séjour,
Et du gouffre profond l'inconstante fortune
Par un charme vainqueur voit enchaîner son cours.

Chœur général.

Sylvain! dis-nous par quel hazard
De nos Driades éplorées
Les demeures si révérées
Font place aux prodiges de l'art?

Le Dieu Sylvain.

Orphée a reparu pour vaincre les obstacles,
Tout s'écroule ou s'élève à ses divins accords;
En faisant des miracles
Son génie a sauvé ces bords.

Chœur général.

Ah! si le burin de l'histoire
Destine à l'immortalité
Tant d'éclat, de prospérité,
L'amant des filles de mémoire
S'enivrera de notre gloire.!

Les Femmes.

A l'état nos flancs généreux
Toujours se montreront propices.

Les Hommes.

Avec quelle ardeur nos neveux
Jalouseront nos cicatrices!

Les Enfans.

Aux coups que porteront nos bras plus aguerris,
Nos glorieux aïeux reconnaîtront leurs fils.

Les Vieillards.

Quant à ce haut degré de gloire et de puissance,
On a vu s'élever le lieu de son berceau,
Avec moins d'amertume on descend au tombeau ;
Des traces ont resté de sa noble existence.

Les Soldats.

Qu'il est beau de verser son sang au champ d'honneur !
A nos dignes neveux laissons pour héritage
La haine des tyrans ; pour titre la valeur ;
    La liberté pour apanage.

Le Peuple.

Puissent de cet état les rameaux divisés,
Se joindre sous l'abri du pouvoir monarchique,
    Et tous les cœurs humanisés
    Former une famille unique!

Les Femmes.

O jour, cher à nos cœurs!

Les Hommes.

          O douce émotion!

Le Peuple.

A trop de droits HENRY mérite la couronne.
A ce vertueux chef, quand notre cœur la donne,
    Des cieux il suit l'impulsion.

Chœur général.

    Quelle pompe majestueuse
    S'est déployée au Champ de Mars?
    Quelle ferveur religieuse
    Saisit les cœurs de toutes parts?
    Couple adoré! HENRY! MARIE!
    Reçois la divine onction;
    Le bonheur de la nation
    A son triomphe se marie.
Toi! *Minerve!* préside aux arts, à nos moissons;
Du Dieu qui nous régit tempère le tonnerre,
    Et verse un baume salutaire
    Dans l'âme de tes nourrissons,

Comme on voit que l'*Aurore*, en sa douce clémence,
Humecte les guérets et refraîchit les fleurs
Pour mitiger en eux la puissante influence
De l'astre qui succède à ses tendres vapeurs.

Cette cantate fut couverte par de vifs applaudissemens ; car si l'on était charmé du talent de l'exécution, l'on reconnaissait la vérité des paroles exprimées dans le langage des Dieux.

Après, ces Dames exécutèrent le motet du couronnement. Madame la comtesse de Rosier s'accompagna avec son forte-piano. La souplesse, la légéreté, la beauté de la voix de ces deux Dames, leurs roulades, la variété des tons, du grave au doux, fit infiniment de plaisir ; elles furent vivement applaudies ; elles chantèrent successivement les morceaux de la Fauvette, d'Œdipe à Colonne, etc. MM. les Députés espagnols ont aussi fait leur partie, et ont exécuté quelques morceaux d'harmonie, et chanté quelques-uns de leurs airs nationaux, qui ont fait plaisir.

Cinquième Journée des Fêtes du Couronnement.

GRANDE REVUE ET PARADE ROYALE.

La vaste étendue du Champ de Mars avait été préparée pour les évolutions militaires qui devaient avoir lieu. La grande et belle église qui avait été édifiée pour le sacre et le couronnement de leurs majestés, avait fait place au trône royal, qui s'élevait radieusement au sommet de cette place, et qui le dominait. Aux deux côtés des tribunes élégantes avaient été édifiées pour sa majesté la reine, les personnes de sa suite, et les membres des tribunaux et des administrations du royaume venues en députation.

Dès l'aube du jour, les sons guerriers des instrumens militaires se font entendre, les troupes sortent de leurs cantonnemens, et prennent place selon les numéros de leurs corps respectifs ; à leur tête cependant se distinguaient les compagnies agricoles de police, cette heureuse invention d'Henry.

Sa majesté la reine, accompagnée du prince et des princesses royales, se rendit au Champ de Mars avec le même cortége et dans le même ordre que le jour de la prestation de serment, et fut reçue de même par le grand maître des cérémonies, qui conduisit sa majesté dans la tribune préparée à cet effet.

Le roi sortit de son palais avec le même cortége que le jour de la prestation de serment. Sa majesté passa les troupes en revues à cheval. Les troupes se fasaient admirer par leur belle tenue, leur air et leur attitude martiale et militaire, la propreté, la beauté et la diversité de leurs uniformes, de leurs drapeaux et de leurs étendarts, qui flottaient dans les airs. La revue terminée, sa majesté descend de cheval, monte sur le trône, et à l'instant les troupes rompent par peloton, et viennent défiler au pied du trône. Ainsi ces fragmens réunis de la grande armée Haytienne offraient le coup-d'œil de cette belle et valeureuse armée, toujours obéissante, toujours soumise, et dévouée à son chef suprême, toujours triomphante, et le plus bel ornement du pays, qu'elle sait défendre ! Venez détracteurs de notre espèce, de nos mœurs, et de notre caractère moral ; voyez cette réunion de braves qui n'ont qu'une seule volonté ; osez concevoir encore de folles espérances ; dites que nous ne sommes pas dignes de la liberté ; *que nous n'avons pas encore pu asseoir parmi nous une forme stable de gouvernement ; que nous nous déchirons de nos propres mains,* quand toutes vos menées, tous les ressorts de votre cruelle politique s'évertuent pour inventer les moyens de notre destruction, pour précipiter notre ruine !.... Et vous, philantropes de tous les pays, qui partout où vous voyez des hommes, y voyez des frères, vous, étrangers aux préjugés, qui reconnaissez en nous le type de l'auteur commun, vous dont les sages méditations ont calculé et prédit le haut point de gloire où nous sommes parvenus, avant même que nous songions à faire usage de nos facultés ; réjouissez-vous en voyant les objets de votre prédilection répondre si bien à vos vues bienfaisantes !

A l'issue de cette revue et parade royale, leurs majestés retournèrent dans leur palais. Le roi daigna honorer de sa présence un splendide repas que sa noblesse fidèle lui donna. Sa majesté fut servie par le grand maréchal du palais, le grand chambellan et par ses principaux officiers.

Dans la foule des toasts qui furent portés, on remarqua ceux-ci : *A l'immortelle journée du 26 Mars, où fut proclamée la sublime volonté du peuple haytien !*

Un estimable étranger porta le toast suivant : *Que Sa Majesté puisse avoir un règne aussi long et aussi heureux que celui du roi Georges !*

MM. les Députés espagnols : *A l'union, à l'amitié, à la fraternité qui doivent unir à jamais tous les Haytiens !*

Le même jour, vers les cinq heures du soir, sa majesté donna une audience de congé aux députations civiles et militaires du royaume. Chaque corps, à cet effet, envoya à cette audience une députation d'un officier, un bas officier et un soldat, canonier, dragons et marins.

Admis dans la salle du trône, sa majesté leur adressa les paroles suivantes :

" Grands croix, commandeurs et chevaliers de l'Ordre royal et militaire de Saint Henry, magistrats, officiers civils et militaires, soldats des différentes députations du royaume,

" Les cérémonies nationales qui vous ont permis de quitter pour un moment vos cantonnemens respectifs, sont achevées ; j'aurais désiré que vous eussiez pu être plus long-temps près de ma personne, mais puisque vos devoirs et mon service vous rappellent dans vos foyers, partez, distingués Haytiens, et comptez sur ma bienveillance ordinaire et individuelle ; que ceux d'entre vous qui sont décorés des marques distinctives, ne les regardent que comme capables d'exciter leur émulation ; vous vous êtes tous, pendant votre séjour dans la capitale, conduits de manière à mériter mes félicitations, que je vous accorde avec plaisir ; continuez de même, c'est le vrai moyen de vous rendre recommandables à mes vœux.

" Assis sur le trône où la Providence et la volonté de la nation m'ont placé, je n'ai accepté ce pesant fardeau que par rapport au bonheur du peuple d'Hayti, dont je suis plutôt le père que le chef. Loin de m'éblouir de l'éclat qui environne cette dignité éminente, je ne réfléchis qu'aux obligations qu'elle m'impose envers mon peuple. Pénétrés de vos devoirs, je me plais à croire que vous les remplirez avec joie. Respectez les personnes et les propriétés ; soyez tous unis en peuple de frères, bon père, bon époux, bon Haytien, et surtout en bon soldat. Plein de confiance du profit que vous ferez de mes salutaires préceptes, recevez toutes mes bénédictions royales et paternelles ; je ne négligerai rien pour votre prospérité ; joignez vos vœux aux miens, afin que le ciel m'accorde ses plus chères faveurs, et me donne la prudence, cette première vertu des souverains, pour que je puisse assurer votre bonheur et celui de notre cher pays."

Cette audience terminée, chaque députation se retira, le cœur pénétré des vertus du souverain et de la ferme résolution d'employer ses moyens pour la gloire et la prospérité de la patrie ! De pareilles fédérations laissent des traces ineffaçables dans l'esprit de ceux qui en sont les témoins ; ceux qui ont le bonheur de voir le monarque, entendent de sa bouche ses intentions bienfaisantes, s'identifient pour ainsi dire avec lui ; il les embrase de ce saint amour qu'il ressent ; aussi en sortant de là, on se sent plus fortement attaché à son pays, à son souverain ;

on aime mieux sa famille, son état. Les devoirs, quelque rigoureux, quelque pénibles qu'ils puissent être, ne coûtent plus rien à remplir : que dis-je ? on les remplit avec joie ; on éprouve la satisfaction intérieure de contribuer au bonheur de ses concitoyens ; on travaille pour la prospérité, la gloire, et ces sentimens suffisent pour produire les plus grandes choses.

Le spectacle et un feu d'artifice terminèrent cette belle journée.

Le 7 Juin, les députations civiles et militaires s'acheminèrent pour leurs domiciles et cantonnemens respectifs.

Retournez en paix chez vous, vertueux citoyens, vous qui avez donné le modèle de la touchante réunion de la grande famille. Retournez dans vos foyers ; pénétrez vos compatriotes des merveilles que vos yeux ont vues dans cette fortunée capitale ; dépeignez-leur les vertus de ce couple auguste que vous avez vu plus particulièrement ; redites-leur les paroles que vous avez recueillies de leurs propres bouches ; allez les faire pleurer comme vous, d'admiration, d'amour et de sensibilité.

Il importait à Henry de faire recevoir dans la nouvelle institution que son génie a crée, ceux des dignitaires qui n'avaient point encore eu ce bonheur ; il les fait admettre dans cette sublime société, modelée sur l'ancienne et antique maçonnerie, dont elle diffère cependant totalement. Comme elle, la société *des Enfans d'Henry* sera la source des vertus ; charité, humilité, fraternité, en sont les bases fondamentales. La pratique des devoirs généraux d'honnête homme, de bon père, bon époux, bon haytien, seront les principales qualités qui en accorderont l'admission !

L'hymne de cette institution doit trouver ici sa place.

HYMNE

De la Société des Enfans d'Henry.

Douce fraternité !
Aimable liberté !
Accordez ma lyre
Des célestes échos
Qu'en troublant le repos
Votre ivresse m'inspire
Pour un héros.

Amis ! livrons nos cœurs
Aux charmantes douceurs
D'un peuple de frères ;
Par des feux pétillans
Des *vivat* sémilians ;
Offrons de nos mystères
Les dons brillans.

Que toujours nos statuts
Consacrent aux vertus
Un temple propice;
Des lauriers aux héros
Et des arcs triomphaux;
Mais à l'odieux vice
D'affreux cachots!

Du modèle des rois
Chantons les hauts exploits
Et ce sanctuaire,
Que l'idole des preux
HENRY, soit dans nos jeux
La pierre angulaire
De tous les vœux!

A ses heureux sujets
Si ses nobles succès
Donnent la lumière,
Qu'une chaîne, à l'instant,
Rallie étroitement
Autour d'un tendre père
Tous ses enfans.

Vive à jamais HENRY!
Vive ce roi chéri!
Célébrons sa gloire;
Amis! que nos accens,
Nos luths et notre encens,
Au temple de mémoire
Portent HENRY!

Les grands dignitaires employés dans les provinces éloignées de la capitale, avant de retourner dans leurs départemens, sollicitent de sa majesté la faveur de visiter la citadelle Henry. Dire qu'ils en revinrent étonnés, ce ne serait pas rendre les sentimens qu'ils ont éprouvés, puisque les étrangers eux-mêmes ne peuvent se défendre de l'étonnement que la vue de ce monument leur cause, et des grands moyens qu'il a fallu employer pour achever cet important ouvrage ; mais l'exaltation de l'enthousiasme, la force du génie de ce petit nombre d'êtres que le ciel favorise si éminemment au-dessus du commun des hommes, est fait pour inspirer ce ne je sais quoi qu'on ne peut rendre. L'évidence de la vérité arrache l'aveu de leur supériorité.

Le roi croit devoir à son cœur généreux payer la dette des bons princes ; il signale son avénement au trône par un acte de sa royale clémence ; il ne craint pas de pardonner à ceux détenus pour avoir participé ou pris part aux désordres qui avaient voulu anéantir le gouvernement ; à ces esprits faibles, mais remuans amateurs du changement, parce qu'ils trouvent, dans les troubles, un aliment à leur inquiète activité et l'espoir d'une amélioration à leur sort ; le gouvernement qui les avait détenus dans des temps de calamités, ne craint pas de les rendre à la liberté, dès qu'il pense ne devoir plus redouter le retour de leurs machinations, et aussi dans la consolante certitude que, désabusés, corrigés de leurs erreurs par la triste expérience de l'inutilité de leurs tentatives, le seul parti qui leur reste est la tranquillité. Ces malheureux, rendus à la sociéte, à la liberté, bénissent la clémence d'Henry !

Le roi ajoute à ses bienfaisantes intentions, à son désir de ramener la portion égarée de ses sujets, encore une amnistie, un pardon général. Il semble que sa bonté s'augmente par l'endurcissement des rebelles ; c'est qu'il est convaincu que la faiblesse craint et désespère, tandis que la force trouve en elle sécurité et confiance.

Voici la proclamation qui renferme cette amnistie ; les touchantes *paroles d'Henry* sont l'éloquence de la vertu, et disant beaucoup mieux que nous ne pourrions le faire. L'exposé seul suffira pour faire connaître la pureté de ses vues, à ceux qui ignorent ses intentions paternelles.

PROCLAMATION.

HENRY,

Par la Grâce de Dieu et la Loi Constitutionnelle de l'Etat, Roi d'Hayti, aux Habitans du Sud et de la Partie de l'Ouest du Royame.

Concitoyens,

L'arbitre suprême des destinées humaines a permis que nous fussions élevé sur le trône érigé par l'amour et la gratitude de nos concitoyens. En nous y asseyant, nous n'avons eu en vue que le bonheur de nos peuples, qui a toujours dirigé nos actions depuis le commencement de notre carrière. Nous avons pensé que la principale obligation que nous imposait le devoir de la place éminente que nous occupons, était de réunir les fragmens dispersés de la grande famille haytienne. Nous n'avons cessé de déplorer l'erreur dans laquelle vous avez été entraînés par la fougue des passions.

Loin de déployer contre vous les forces que j'ai en mon pouvoir et les moyens qui me sont confiés, c'est un besoin pour mon cœur de ne recourir qu'aux voies de conciliation et de clémence, dont je n'ai cessé de donner des preuves surtout depuis la réduction du Môle Saint-Nicolas jusqu'à ce jour.

Un des priviléges les plus sacrés, attachés à la royauté, est de pardonner; pourrais-je ne pas saisir avec joie la précieuse occasion de consacrer mon avénement au trône par l'exercice du plus saint des pouvoirs, celui de remettre les offenses ? Ah ! sans doute, je le remplirai ce vœu si cher à mon cœur, de renverser, par la force des bienfaits, la barrière qui met entre les haytiens une séparation douloureuse, et de ramener la paix, la douce paix, au sein d'une nation trop longtemps déchirée.

Un enchaînement de malheurs, une fatalité inexplicable ont jusqu'ici concouru à diviser un peuple de frères, né pour s'aimer, s'entr'aider, se secourir, en proie aux mêmes appréhensions, assujetti à la même destinée, et qui n'a d'autre salut que de se serrer autour d'une autorité unique, puissante et stable, pour présenter un front victorieux à la masse toujours agissante de ses ennemis ; mais de ce que notre mauvais génie nous a toujours fait dévier de la véritable direction que nous avaient tracée nos intérêts politiques ; faut-il en conclure que nous devions persister dans une funeste détermination ? Et parce que nous avons été assez mal inspirés pour teindre nos lauriers de notre propre sang, est-ce une raison pour qu'une éternelle inimitié désunisse des hommes pour qui le secret de vivre libres, heureux et indépendans, consiste à demeurer toujours unis et inséparables ?

Non, non, la raison, la justice, la patrie, la nature, tout vous prescrit la nécessité d'étouffer pour jamais ces semences de haine, de divisions, d'esprit de parti qui ont si long-temps ensanglanté ce sol natal qui s'abreuve à regret du sang du sang haytien ; tout vous impose la douce loi de déposer vos regrets, votre repentir, dans le sein d'un ami, d'un père, et d'un roi qui veut que l'étendue de sa clémence soit comparée à celle de son pouvoir.

En vain on s'était efforcé de révoquer en doute ma clémence et la générosité avec laquelle je reçois les malheureux qui se réfugient dans mes bras, ainsi que ceux que le sort de la guerre fait tomber en mon pouvoir.

Les officiers ci-après : Messieurs Jean Michel, chef de bataillon, ci-devant adjudant de la place du Môle ; Aimé Troy, chef de brigade ; ci-devant commandeur militaire à Bombarde ; Coco, lieutenant ; Bosquet, capitaine, qui viennent de se rendre auprès de moi, ont été accueillis paternellement. On se plaît à faire des récits calomnieux sur le sort de ceux qui viennent se rendre, pour les détourner de cette louable intention, tandis que je défie d'en citer un seul qui n'ait été protégé. Ils ont vu paisibles et heureuses, au sein de la société, les personnes ci-après désignées, que la plus insigne calomnie avait fait passer pour mortes, telles que Messieurs Eugène, capitaine au 3e régiment; Armand, Dugoirand, Ferrier, Saint-Surin, Richeu, Bourdet, Gauchier, quartier-maître du 9e; Saint-Martin, madame T. Boufflet, Hilaire, Tanta, Polidor Laville ; enfin, les Officiers et Soldats du 9e ; les troupes du Sud qui se sont rendues au Môle, et une infinité d'autres personnes qui ont été renvoyées sur leurs propriétés, ainsi que ceux qui viennent journellement se rendre.

Qui pourrait donc vous arrêter dans le généreux dessein d'expier vos torts, et de vous réunir à la grande majorité des membres de la famille qui respire sous mon gouvernement tutélaire ? la crainte que vos erreurs passées ne puissent être oubliées ; ah ! rassurez-vous, le roi Henry ne se souvient plus des outrages adressés au président de l'état d'Hayti ; la mauvaise honte et la confusion qui naissent de l'aveu de ses propres faiblesses ; eh ! quel cœur haytien, s'il est digne de l'être, peut balancer à faire ce noble sacrifice en faveur de son pays et de sa propre conservation ? Et depuis quand n'est-il plus beau de reconnaître ses fautes et de les réparer ? L'injuste appréhension que votre retour aux vrais principes ne soit suivi de regrets et de larmes, détrompez-vous ; la parole d'un roi est sacrée, et le vôtre jure à Dieu, à l'univers entier, que vos personnes, vos biens, vos vies, seront respectés, vos grades et vos emplois conservés, n'importe de quelque couleur qu'il ait plu à la Divinité de nuancer votre épiderme.

Amnistie pleine et entière, oubli entier des fautes, et surtout du passé, voilà ce qu'Henry vous promet sur sa parole royale ! Paix et fraternité parmi les Haytiens ; voilà le glorieux but que son cœur se propose.

Une nouvelle ère et de nouvelles destinées ont paru pour Hayti ; de nouveaux grades, de nouveaux emplois, de nouvelles qualifications, un ordre enfin de noblesse héréditaire sont désormais la récompense du mérite ; vous participerez à ces mêmes avantages. Venez donc, avec calme et tranquillité, vous ranger parmi nous sous les bannières de l'autorité royale, qui ne veut que le bonheur et la gloire de la patrie. Jusqu'ici nous vous avons combattus en ennemis, il ne dépend que de vous que nous nous embrassions bientôt en frères. Venez donc vous purifier par le mérite d'une généreuse conversion, et votre roi, votre souverain, celui que vous avez un instant méconnu, mais qui n'a cessé de vous porter dans son cœur, n'attend de vous, pour récompense de ses travaux, que l'heureuse occasion de vous pardonner, et de travailler, avec votre coopération, à l'unique but pour lequel nous avons pris les armes.

Donné en notre palais du Cap-Henry, le 4 Septembre 1811, l'an huit de l'indépendance, et le 1er de notre règne.

Signé HENRY.

Par le Roi,
En l'absence du Ministre Secrétaire d'Etat,

Comte de Limonade.

Profitez donc, concitoyens aveuglés, d'une bonté que vous n'avez pu jusqu'ici lasser? Qu'espérez-vous? Que demandez vous? Que voulez-vous? La continuation de la guerre? Il est prouvé qu'elle ne peut tourner à votre avantage! Vos moyens sont trop faibles en comparaison de ceux qui peuvent être déployés contre vous! De détacher une portion du territoire du royaume? Celà ne se peut, et jamais cela n'aura lieu. *Il ne peut*, comme l'a judicieusement dit le souverain, *exister deux poids et deux mesures à Hayti*. Le seul parti qui vous reste à prendre, est d'abjurer vos erreurs; d'offrir votre repentir en expiation de vos crimes; quelques grands qu'ils puissent être, ils vous seront pardonnés; mais vous sentez, vous devez penser que le terme expiré, les moyens de conciliation épuisés, le déployement de la force devient nécessaire, et les maux inévitables qui en seront la suite, ne seront imputés qu'à votre opiniâtreté! Cependant l'autorité souveraine sera toujours prête à vous entendre et à recevoir vos soumissions.

Pour compléter la régénération de son peuple, Henry voulut lui donner le bienfait des lois, réunir, adapter dans un code, en choisissant dans tout ce qui a paru jusqu'ici dans la jurisprudence ancienne et moderne, ce qu'il y a de plus convenable à nos usages, à nos mœurs, à nos lois et à notre caractère. Les modèles sont tracés, les chefs-d'œuvres de l'esprit humain ont déjà paru; mais il restera encore beaucoup à faire aux législateurs Haytiens! En conséquence, une commission composée des hommes notables, qui réunissent les connaissances législatives, fut convoquée, tandis qu'elle s'occupe de ce grand œuvre qui doit mettre le comble à la gloire d'Hayti et de son monarque; Haytiens, formons des vœux pour son bonheur et celui de sa famille! Considérons ce que nous étions il y a vingt ans. Courbés sous le joug d'un barbare esclavage ; ne craignons, non, ne craignons jamais de rappeler ce que nous fûmes ; c'est de ce que nous sommes, que l'on doit nous considérer. La victoire, la force, la persévérance, favorisés par la Divinité, nous ont affranchis pour jamais. Considérons, Haytiens, par combien de peines, de fatigues, de flots du plus pur de notre sang, nous avons payé cette précieuse liberté, que nous avons encore après été obligés de conquérir. Considérons l'anarchie qui a régné après le décès de l'empereur Jean-Jacques. Voyons encore dans le lointain les funestes effets de cette anarchie, de cette désorganisation qui menaçaient de tout engloutir. Voyons les murmurer dans le Sud, courbés sous le joug de la rébellion, qu'il nous est donné d'anéantir, pour ne voir qu'une seule famille dans tous les Haytiens. Détournons cependant nos regards ; considérons les heureux résultats de la présence des lois et de la civilisation. Voyons la vie et la propriété des citoyens sacrées et inviolables, le commerce, l'agriculture, et la navigation, refleurir à l'ombre et sous l'autorité tutélaire d'Henry. Voyons l'habitant, le cultivateur, le négociant, le manufacturier, le militaire protégés, encouragés, sans qu'aucun puisse nuire, vexer, ni opprimer l'autre, et répétant ensemble, d'un commun accord, ce cantique de louange, d'amour et de vénération, à la gloire d'Henry! Vous tous, Haytiens, vous aimez la paix; vous aimez donc les armes; honorez l'utile, le glorieux métier des armes, c'est lui qui défend la patrie; vous devez sentir la conséquence de la science de la guerre qu'Henry veut perfectionner dans ses états. Plus nous serons armés, plus nous cultiverons la discipline militaire, moins l'on pensera à nous attaquer. Voulons-nous conserver notre liberté? N'abandonnons donc jamais ces chefs, qui nous feront respecter des étrangers, et qui cimenteront et éterniseront son règne dans ces climats. Imitons ces peuples belliqueux, qui, comme nous, ont conquis leur liberté au prix de leur sang; qu'ont-ils fait pour la conserver? une loi sage qui enjoignait à tout citoyen, depuis l'âge de 15 ans jusqu'à celui de 50, de porter les armes pour le service de la patrie! Des mœurs; sans les mœurs, les états qui paraissent les plus affermis ne peuvent subsister. De la sobriété, de la tempérance; honorons, encourageons l'indispensable agriculture; sans l'agriculture que serions-nous? Cultivateurs soyez fiers de votre état; c'est lui qui nourrit l'homme. Laissez à la frivolité le dédain de vos nobles travaux; l'être pensant vous rendra toujours la justice que vous mériterez, et vous apprécierez à votre juste valeur, le cœur d'Henry vous distingue ; vous êtes l'objet de ses plus tendres sollicitudes. C'est vous, portion intéressante du peuple, qui, courbée chaque jour aux rayons d'un soleil brûlant, arrosez de vos sueurs les sillons que vos mains généreuses ont tracés. C'est aussi de votre sein que sortent ces guerriers, ces défenseurs intrépides de la patrie ; c'est vous qui les nourrissez et entretenez, tandis qu'ils ont les armes en main pour protéger vos récoltes, vous faire jouir des biens les plus précieux, la liberté, la paix, la tranquille et paisible possession du fruit de vos peines et de vos travaux.

Haytiens, prions Dieu de conserver les jours précieux d'Henry ; que le ciel le couvre de son égide puissante, invulnérable ; qu'il lui dispense toujours ses dons et ses faveurs les plus chères, pour le bonheur de notre commune patrie ; qu'il inspire son auguste fils, cet illustre rejeton, que nourri des leçons d'un si digne *instituteur*, il ait, comme lui, cet esprit de sagesse, de réflexion, de modération, avec l'énergie indispensable pour ceux qui sont destinés à régner ; qu'il soit le soutien de la gloire de son père, comme il est l'héritier de son trône et de ses vertus !

Concitoyens, servons avec zèle et dévouement notre patrie, défendons-la toujours contre les attaques de ceux qui chercheraient à porter atteinte aux droits imprescriptibles que nous tenons de la nature ; soyons toujours fidèles à notre roi, dans tous les temps, dans tous les lieux, dans quel poste, dans quelle situation que le sort nous place ; apprécions tout ce qui a été fait en notre faveur par le héros qui tient parmi nous la place de la Divinité ; environnons son auguste famille de tout l'amour et la vénération qui lui est due à si juste titre ; payons-le, par les témoignages de notre reconnaissance, des peines, des veilles et des fatigues qu'il se donne pour notre conservation ; assez et trop longtemps son cœur royal a éprouvé les effets de l'ingratitude des méchans, qui ont employé contre lui les propres bienfaits dont il les avaient comblés ; dédommageons au moins sa grande âme de tant de perfidies !

Concitoyens, redoublons avec ferveur nos vœux ! généraux, hommes d'état, administrateurs qui occupez les principales places du royaume, Hayti entière a les yeux fixés sur vous ; ne vous lassez jamais d'étudier, de méditer, de mettre en pratique les sages maximes, les exemples que notre invincible monarque s'applique à inculquer dans vos âmes ; imprégnez-vous de ses leçons, vous qui avez le bonheur de les entendre de sa propre bouche ; sachez comme lui sacrifier tout à l'accomplissement de vos devoirs.

Haytiens, si dans nos souhaits, dans nos

vœux, se mêle la douleur de penser, qu'il viendra un temps où nous serons privés de la puissante protection du grand homme qui nous gouverne; si la fatalité, si l'impitoyable destinée nous le ravissait avant qu'il eût mis un terme à ses grandes conceptions, avant que cette indépendance, objet de tous nos vœux, soit à jamais consolidée, nous nous soumettrions avec courage aux décrets de la Providence, malgré la grandeur de notre perte, nous ne penserions pas que tout serait perdu, puisque son génie vivrait encore parmi nous; il nous animerait dans les combats, il serait le gage de la victoire qui l'a tant favorisé; sa sagesse régnerait dans nos conseils; nous n'aurions plus qu'à suivre les glorieuses traces qu'il nous aurait montrées, et à environner son successeur légitime de tout l'amour et la vénération que nous portons à son illustre père; nous ferions voir à nos ennemis qu'Henry est réellement immortel, puisqu'il ne cesserait pas de vivre dans notre mémoire!

Nous disons plus, si contre toute vraisemblance, contre toutes les probabilités, nous étions capables d'oublier la route tracée par Henry, au point de nous laisser subjuguer, nous pensons fermement avec lui, qu'en retirant ses ossemens du tombeau, et en les exposant à nos yeux, la vue de ces témoignages muets, mais pourtant si éloquens, ces restes précieux du zèle, du constant défenseur de la liberté, qui ne serait plus, suffiraient pour rallumer dans nos âmes, ce feu, cet amour sublime de la patrie, qui ne devrait jamais nous abandonner, et que le triomphe de notre cause alors serait assuré!

Haytien, votre heureux caractère moral est connu; vous avez assez prouvé la sûreté de vos transactions commerciales; vous avez assez prouvé que vous étiez des ennemis terribles et des amis généreux, conservez la gloire que vous avez acquise, transmettez-la pure et sans tâche à votre postérité!

Que les étrangers, en venant avec confiance, nous apporter le tribut de leur industrie, ne s'occupent, pendant leur séjour au milieu de nous, que de leurs spéculations commerciales; qu'ils respectent nos lois, en évitant scrupuleusement de se mêler de nos affaires politiques, alors la royale protection de notre souverain les distinguera; ils jouiront de la confiance et de l'amitié des Haytiens; ils trouveront en échange chez nous, les riches productions de notre fortuné climat, avec une réciprocité d'égards et de soins; mais aussi s'il pouvait s'en présenter avec des intentions perfides, il aurait mieux valu pour eux qu'ils eussent été engloutis dans l'abîme des mers, et qu'ils n'eussent jamais abordé nos plages!

Concitoyens, redoublons d'amour pour le pays qui nous a vu naître; qu'Hayti heureuse, triomphante, semblable au phénix renaissant de ses cendres, ingénieux emblême de la patrie, respectée de ses voisins, en honneur chez les puissances étrangères par la bravoure et l'héroïsme de ses enfans, se fasse admirer encore par la douceur, l'urbanité de ses habitans et les avantages de leur commerce!

―――――――――

De l'Imprimerie de Schulze et Dean, 13, Poland Street, Oxford Street.

www.ingramcontent.com/pod-product-compliance
Lightning Source LLC
Chambersburg PA
CBHW070653170426
43200CB00010B/2224